筑牢林业基石 装点绿水青山

——全国标准化林业工作站建设

国家林业局林业工作站管理总站 ■ 编

中国林业出版社
China Forestry Publishing House

图书在版编目（CIP）数据

筑牢林业基石　装点绿水青山：全国标准化林业工作站建设 / 国家林业局林业工作站管理总站编 . — 北京：中国林业出版社，2018.1

ISBN 978-7-5038-9432-9

Ⅰ . ①筑…　Ⅱ . ①国…　Ⅲ . ①林业管理－工作站－标准化管理－中国 Ⅳ . ① F326.25-65

中国版本图书馆 CIP 数据核字 (2018) 第 024200 号

责任编辑： 何增明　张华

出版： 中国林业出版社
网址： http://lycb.forestry.gov.cn　电话：(010) 83143517
社址： 北京西城区德内大街刘海胡同 7 号　邮编：100009
发行： 中国林业出版社
印刷： 固安县京平诚乾印刷有限公司
开本： 635mm × 965mm　1/8
版次： 2018 年 2 月第 1 版
印次： 2018 年 2 月第 1 次
印张： 14
字数： 234 千字
定价： 98.00 元

编审委员会

主　任　潘世学

副主任　何美成　王前进

成　员　（按照姓氏笔画排序）

才国斌　马　晋　王金增　仇智虎
方　勇　朱功良　朱伯江　朱　松
刘革宁　刘增光　孙嘉伟　杨全生
李利江　李国辉　李承胜　李　勤
时保国　何小东　何伟生　邱祉轩
余小发　宋宪虎　张志刚　张　毅
陈　彪　周建平　胡月多　施英俊
洪端芳　徐惠强　高翔伟　曹建军

编印工作组

组　长　张志刚

副组长　邱祉轩　程小玲

成　员　梁学顺　农韧钢　时保国　李利江
朱　松　赵旭辉

前言

党的十九大将建设生态文明提升为中华民族永续发展的千年大计，并做出了坚定实施乡村振兴战略等重大决策。林业是生态文明建设的主体，是营造绿水青山的主力军，承担着不可替代的历史重任。在我国广袤的乡村，乡镇林业工作站(简称“林业站”)是各项林业工作的落脚点。加强林业站建设是推进林业生态建设的客观要求，是促进林农就业增收的迫切需要，是服务乡村振兴战略的必然抉择，是加快实现林业治理体系和治理能力现代化的战略举措；优先打造一批标准化林业工作站（简称“标准站”)，充分发挥其示范带动作用，是提升我国林业站建设水平、筑牢林业基石、奋力装点绿水青山的有效途径。

我国标准站建设项目在试点基础上于2014年正式启动。截至2016年年底，全国已建成1337个标准站，在基层林业与生态建设中树立了靓丽的标杆。我们组织编印《筑牢林业基石 装点绿水青山——全国标准化林业工作站建设》一书，旨在全面展示标准站建设成效，积极推广各地建设经验，更好地指导这一项目建设，大力提升林业站管理与服务能力，进而更好地服务于乡村振兴战略、建设生态文明和美丽中国。

本书力求实现如下目标：一是统筹兼顾，突出重点。既系统总结全国标准站建设概况，又从不同角度展示各省(自治区、直辖市)标准站建设特色。二是内容全面，客观真实。紧紧围绕标准站建设本质要求，全面客观真实地反映各地的建设成效与经验。三是图文并茂，形象生动。体现以图为主的布局，图片朴素真实、代表性强，形象生动地反映标准站建设风貌及其示范效应。四是设计合理，精心编排。版面设计紧扣主题内容，图文互动，相得益彰。

本书的出版发行是我国2009年以来标准站建设的阶段性总结，也是一个新的起点和标志。有利于各方面读者进一步认识林业站的地位和作用，了解标准站建设的意义和成效；有利于相关部门和社会各界更加重视和支持基层林业站建设；有利于县级人民政府和林业主管部门深入理解标准站建设的本质要求，积极借鉴先进经验和模式，全面提升标准站质量和效益，将新时代的标准站建设推上新台阶。

我们希望，地方各级林业主管部门深入贯彻落实党的十九大精神，牢固树立和深入践行绿水青山就是金山银山的理念，全面实施《国家林业局关于进一步加强林业工作站建设的意见》和《全国林业工作站“十三五”发展建设规划》，把标准站建设作为当前和今后一段时期林业站建设的重点工程抓紧抓好。希望林业站系统广大干部职工严格遵循新修订的《林业工作站管理办法》，忠实履职，开拓创新，努力建设更多更好的标准站，充分发挥基层林业站六大职能作用。希望已经建成的标准站进一步加强学习、健全制度、规范管理、当好样板，着力争创“全国优秀标准化林业工作站”，示范带动全国林业站管理服务能力和水平持续提升，为推进林业现代化建设、服务乡村振兴战略、建设生态文明和美丽中国做出新的更大贡献。

各地林业站管理机构和基层林业站干部职工积极参与本书的编印工作，提供了一万余幅图片，而且没有标注作者姓名。编印工作组的几位专家立足全局，分片负责，精心筛选图片，认真审核各省份简介，奉献了智慧与辛劳。评审专家们提出的宝贵意见，为修改完善本书发挥了重要作用。为此，本书编委会向他们一并表示衷心感谢。

编审委员会

2017年12月12日

标准化林业工作站建设的本质要求

目录

第一部分

全国总览

乡镇林业工作站（以下简称“林业站”）是对林业生产经营实施组织管理的最基层机构，是林业部门联系广大林农的桥梁和纽带，被喻为林业工作的基石。承担着政策宣传、资源管理、林政执法、生产组织、科技推广和社会化服务等职责，涵盖基层林业工作的全过程和各方面，对我国林业建设和经济社会发展具有重要影响。

■ 国家林业局局长张建龙主持 2015 年全国林业工作站工作会议并发表重要讲话

■ 2015 年 11 月，全国林业站工作会议在北京召开

■ 吉林省桦甸市公吉林业站站房

林业站职工是我国广袤乡村保护发展绿水青山最直接的参与者、组织者和服务者，为“生态美、百姓富”做出了突出贡献，受到了高度称赞。例如 2010 年，我国林业站负责管护森林面积 1.25 亿公顷、占全国森林面积的 60%；共指导组织完成造林面积 417 万公顷，封山育林面积 290 万公顷，抚育作业面积 994 万公顷，四旁植树 20 亿株，防治林业有害生物面积 1374 万公顷；完成采伐设计面积 225 万公顷；受理林政案件 10.5 万件；参与处理林权争议 21.7 万件，受理林业承包合同纠纷 2.8 万件；指导扶持林业合作经济组织 26197 个、会员 239 万人；已建立科技示范基地 170 万公顷，推广面积 252 万公顷。特别是“十一五”期间，广大林业站职工勇当我国集体林权制度改革的排头兵，被群众亲切地称为“六大员”，即政策宣传员、技术指导员、勘界测绘员、质量检查员、纠纷调解员、林农服务员。

■ 新疆生产建设兵团第七师 126 团林业站宣传栏

■ 湖北省谷城县南河镇林业站近几年获得的奖牌

■ 甘肃省天水市秦州区皂郊林业站现场造林

■ 甘肃省金塔县中东林业站协助开展林业行政执法

■ 青海省大通回族土族自治县新庄镇林业站森林资源巡护队伍

■ 湖北省神农架林区宋洛林业站职工调解山林纠纷

■ 辽宁省北票市大板镇林业站护林员巡逻瞭望

■ 云南省腾冲市曲石林业站开展特色经济林外业调查

湖北省咸宁市咸安区官埠桥林业站人员在防治杨树病虫害

吉林省桦甸市公吉林业站人员指导农民果树种植技术

福建省永安市上坪林业站开展森林资源调查

四川省南江县长赤林业站指导农民在退耕还林地发展葡萄产业

同时，我国林业站也面临着机构队伍不稳、管理体制不顺、设施设备落后、履职能力偏弱等困难和问题，不利于巩固林业基层基础，制约着林业现代化建设进程。

湖南省桑植县马合口乡林业站旧站房

吉林省桦甸市公吉林业站旧站房

■ 青海省玉树市基层林业站苗圃建设

■ 安徽省潜山县官庄镇林业站指导建设的跃峰油茶基地

■ 湖北省神农架林区大九湖林业站管护下的绿水青山

为了适应林业改革发展需要，着力解决有关困难和问题，更好地发挥林业站职能作用，国家林业局决定于2009年开展标准化林业工作站（以下简称“标准站”）建设试点，旨在研究探索不同区域、不同林业重点工程区的林业站建设管理模式，积累经验，树立典型，示范带动林业站系统管理与服务能力的提升。随后，国家林业局采取一系列措施，着力推动标准站建设。特别是2014年发文明确，中央预算内投资主要用于标准站项目，正式拉开了全国标准站建设的大幕；2015年召开的全国林业站工作会议，提出要加大标准站建设力度，不断推进这项工程。

历史经验和当前的形势与任务昭示我们：加强林业站建设是推进林业生态建设的客观要求，是促进林农就业增收的迫切需要，是加快实现林业治理体系和治理能力现代化的战略举措；优先打造一批标准站，充分发挥其示范带动作用，是推动我国林业站建设、筑牢林业基石、奋力装点绿水青山的有效途径。

标准站建设项目既重视硬件，更强化软件。标准站建设的本质要求是：机构队伍稳定化、管理体制顺畅化、基础设施现代化、站务管理制度化、履行职责规范化、服务手段信息化、人才发展科学化、示范效益最大化，主要建设内容包括：

1．机构队伍稳定化。林业站机构经县级人民政府编制部门批准设立，职能明确，人员定岗到位，经费全额纳入地方财政预算。

2．管理体制顺畅化。有利于当地林业与生态建设，有利于林业站履行职责，有利于林业站职工成长进步；倡导条块结合、以条为主的林业站管理体制。

3．基础设施现代化。站房、交通工具和其他设施设备符合《乡镇林业工作站工程建设标准》的规定，主要设施设备齐全；且站牌醒目、站标清晰、站容整洁，庭院绿化美化。

■《中华人民共和国农业技术推广法》

国家林业局文件

林站发〔2015〕146 号

国家林业局关于进一步加强乡镇林业工作站建设的意见

各省、自治区、直辖市林业厅（局），内蒙古、吉林、龙江、大兴安岭森工（林业）集团公司，新疆生产建设兵团林业局，国家林业局各司局、各直属单位：

乡镇林业工作站（以下简称“林业站”）是对林业生产经营实施组织管理的最基层机构，承担着政策宣传、资源管护、林政执法、生产组织、科技推广和社会化服务等职责，涵盖基层林业工作的全过程和各方面，对我国林业建设和经济社会发展具有重要影响。长期以来，林业站在林业改革、保护生态、服务民生中发挥了重要作用，作出了突出贡献。面对新形势新任务，林业站机构队伍不稳、基础设施落后、服务能力偏弱、职工待遇偏低等问题突出。为充分发挥林业站职能作用，提升林业基层公共管理服务能力，全面推进林业改革，现就进一步加强林业站建设提出如下意见。

— 1 —

■ 国家林业局印发《关于进一步加强乡镇林业工作站建设的意见》

■ 湖北省谷城县茨河镇林业站站房

■ 江西省浮梁县瑶里镇林业站站房

■ 安徽省黄山市黄山区仙源中心林业站站房

■ 云南省腾冲市曲石林业站站房

■ 河北省丰宁满族自治县鱼儿山林业站站房

■ 内蒙古自治区土默特右旗苏波盖林业站站房

■ 宁夏回族自治区吴忠市利通区金积镇林业站工作器械

■ 湖南省浏阳市关口街道林业站森林防火物资

■ 黑龙江省延寿县中和镇林业站工作器械

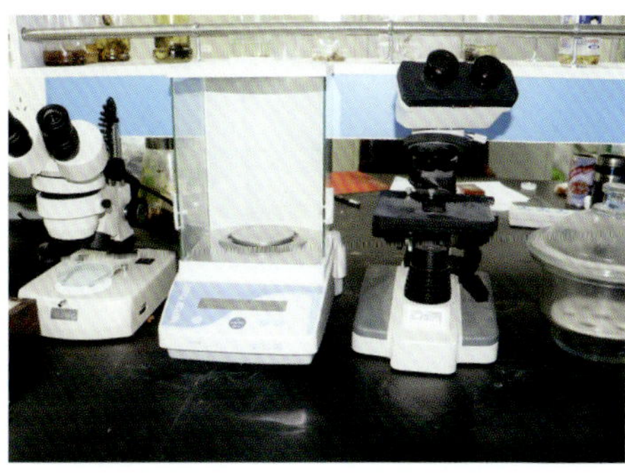
■ 新疆生产建设兵团第五师 83 团林业站科研设备

■ 河北省围场满族蒙古族自治县四合永林业站办公设备

■ 江西省崇义县聂都林业站庭院绿化

■ 河北省沽源县黄盖淖林业站交通工具

■ 新疆生产建设兵团第七师 126 团林业站庭院绿化

■ 新疆生产建设兵团第六师奇台农场林业站打药车

4. 站务管理制度化。普遍建立目标责任制、岗位责任制和廉政建设等规章制度，内部管理规范透明，人员岗位及去向明确，实行用制度管权管事管人。

5. 履行职责规范化。认真履行林业站工作职责；森林资源现状图、林业发展规划图、林业基本情况统计表、林业生产进度表、以及规章制度张贴上墙，办事流程对外公示；资料档案分类整理，妥善保存。

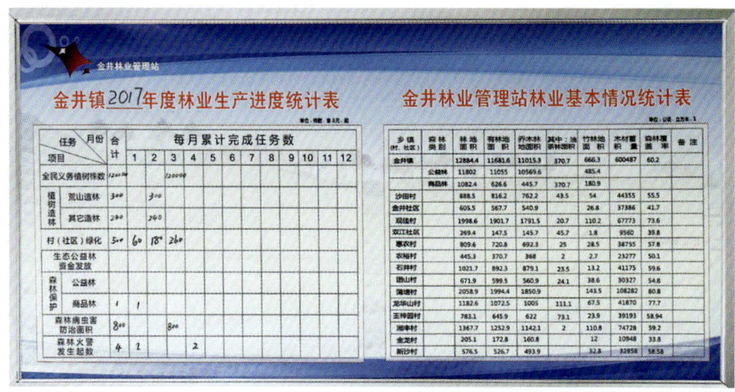

■ 湖南省长沙县金井林业站年度林业生产进度表和林业基本情况统计表

■ 北京市延庆区大庄科林业站主要制度

■ 北京市延庆区八达岭林业站站务公开栏

■ 吉林省集安市凉水乡林业站林业发展规划图和森林资源分布图

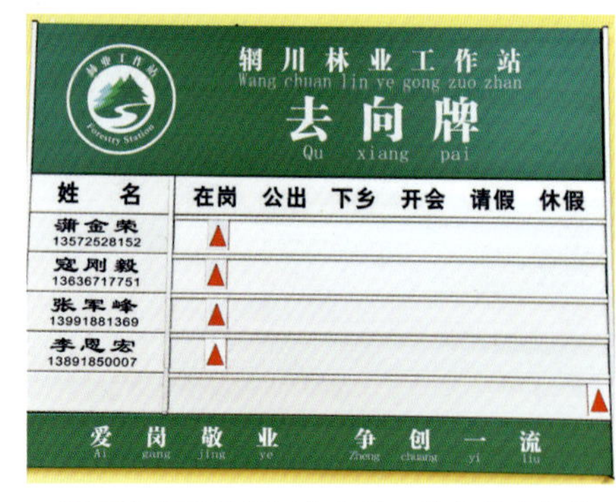

■ 陕西省蓝田县辋川林业站工作人员去向牌

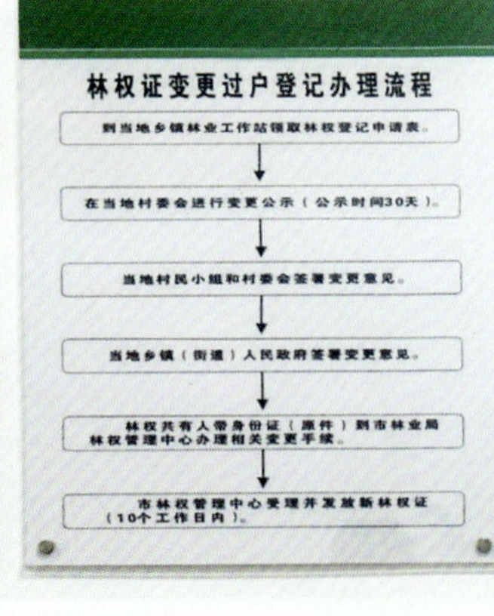

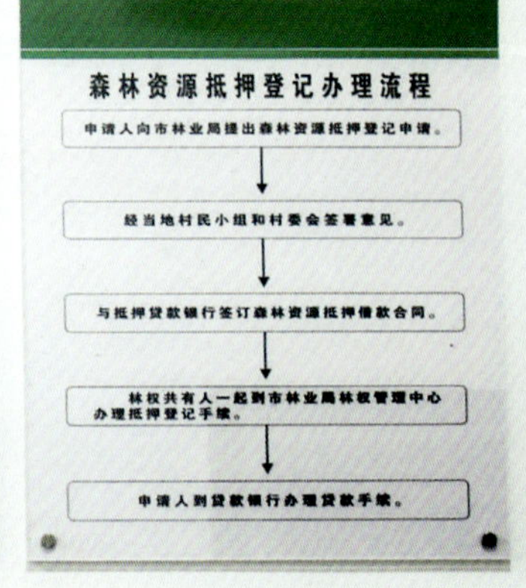

■ 浙江省龙泉市锦溪镇林业站办证流程公告栏

6. 服务手段信息化。林业基本情况和森林资源等数据实现信息化管理；积极采用电子政务、网络平台、短信与微信等信息技术和手段，为林农提供优质高效服务。

吉林省通化县大泉源林业站森林资源档案实行信息化管理

国家林业局文件

林站发〔2015〕102号

国家林业局关于强化林业站公共服务职能
全面推行一站式、全程代理服务的通知

各省、自治区、直辖市林业厅（局），新疆生产建设兵团林业局：

为强化基层林业公共服务职能，加快林业治理体系和治理能力现代化，我局决定在林业站系统全面推行"一站式、全程代理"便民服务模式。现就有关工作通知如下：

一、充分认识全面推行一站式、全程代理服务工作的重要意义

（一）全面推行一站式、全程代理服务是促进林业站职能转变的客观要求。2014年我局部署开展了"林业站服务年"活动，各地林业站在提升服务质量和效率方面，做了大量工作，取得了明显成效，深受广大林农群众的欢迎。随着林业深化改革和依法治林的逐步推进，基层林业站必须进一步强化林业公共服务职能，推进从"管理型林业站"到"服务型林业站"的转型，寓管理于

— 1 —

国家林业局发出《关于强化公共服务职能全面推进一站式、全程代理服务的通知》

辽宁省实现省市县乡四级林业站网络化办公模式

内蒙古自治区土默特右旗苏波盖镇林业站森林防火内部监控设备

广西壮族自治区环江毛南族自治县洛阳镇林业站用电子触摸屏查询林业政策和办事流程

广西壮族自治区环江毛南族自治县洛阳镇林业站办证大厅

7. 人才发展科学化。职工的文化程度、专业技术人员比例均达到标准；主要岗位人员参加县级以上林业部门组织的业务培训，并获得证书；人员的引进与培养做到科学合理有序，职称评聘、职务晋升和职工福利得到保障。

8. 示范效益最大化。标准站建设经验可复制、可推广、可借鉴；坚持规范建站、服务立站、素质强站，着力提高自身管理服务能力和水平，在林业站建设中当好榜样。

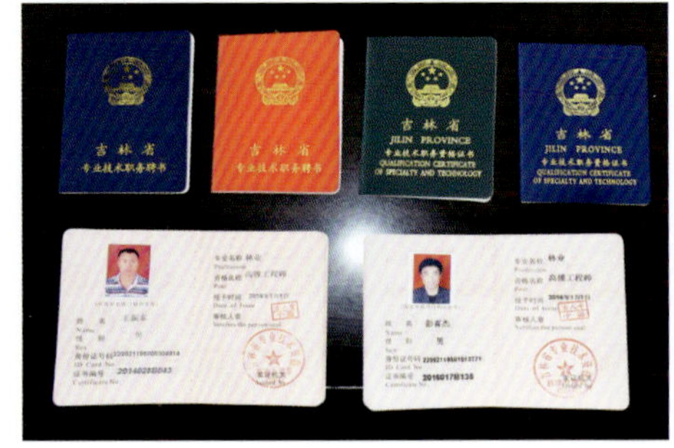

■ 吉林省通化县大泉源林业站工作人员职称证书

■ 2017 年全国标准站建设南部片区培训班学员现场观摩福建省沙县青州林业站

■ 2015 年全国标准站建设西部片区培训班学员现场观摩新疆维吾尔自治区尉犁县墩阔坦乡林业站

1. 领导重视鼓干劲

国家林业局领导一贯重视标准站建设，多次为此作出指示和批示。2015 年在北京召开了全国林业工作站工作会议，张建龙局长亲自主持会议并作重要讲话，强调要多渠道筹措资金，加快标准站建设，优先解决好业务用房、办公设备、交通工具等最急需的问题；刘东生副局长做了工作报告。国家林业局领导分别赴北京、吉林、江西、福建、四川、湖南等地调研，现场指导标准站建设，给予林业站系统干部职工巨大鼓舞。国家有关部委和国家林业局的相关司局领导十分关心和支持标准站建设，并深入基层开展调查研究。部分省政府和林业主管部门将标准站建设摆到了重要位置。例如，2010 年，新疆维吾尔自治区人民政府时任主席努尔·白克力在区林业厅调研听取了关于林业站建设的专题汇报，决定由自治区财政划拨专项经费 6000 万元全力支持标准站建设。吉林、新疆、广西、内蒙古、云南等省（自治区）林业厅主要负责同志亲自深入林业站开展调研，召开厅党组会议专题研究这项工作，推动本省（自治区）标准站建设走在全国前列。

■ 2010 年 10 月，时任国家林业局副局长张建龙（左一）在吉林省通化县基层林业站视察

■ 2015 年 11 月，国家林业局副局长刘东生（中）在北京市海淀区苏家坨林业站视察

■ 2015 年 4 月，国家林业局副局长彭有冬（左四）在湖北省京山县调研基层林业站的资源管护工作

■ 2017 年 9 月，国家林业局副局长李树铭（右二）在湖南省长沙市春华林业站视察

■ 2013 年 8 月，国家发展和改革委员会农村经济司副司长吴晓松（左四）在江西省乡镇林业站调研

■ 2015 年 11 月，国家发展和改革委员会农村经济司副司长方言在全国林业站工作会议上讲话

■ 2015 年 11 月，财政部农业司副巡视员凡科军在全国林业站工作会议上讲话

■ 2013 年 12 月，国家林业局计资司巡视员王前进（右一）在广西壮族自治区横县六景林业站调研

■ 2014 年 10 月，国家林业局政策法规司司长刘永范（右三）在湖北省罗田县白庙河镇林业站调研

2010 年 11 月，时任新疆维吾尔自治区主席努尔·白克力（主席台左五）在自治区林业厅调研林业站建设情况

2016 年 10 月，时任吉林省副省长隋忠诚（左一）、省林业厅厅长兰宏良（右三）在梅河口市杏岭乡调研基层林业站工作

2016 年 6 月，江西省林业厅厅长阎钢军（中）在德兴市林业局张村乡林业站调研育苗基地

2016 年 6 月，湖北省林业厅厅长刘新池（右一）调研神农架林区林业站建设

■ 2010 年 6 月，时任国家林业局工作总站总站长陈凤学（右一）在吉林基层林业站调研

■ 2014 年 10 月，国家林业局工作总站总站长潘世学（左二）在湖北省罗田县九资河林业站调研

2. 试点探路出经验

国家林业局工作总站将标准站建设作为重点工程，多次深入实地了解情况、问计问策、发现典型、推广经验。自 2009 年开展标准站建设试点以来，各地按照《全国标准化林业站建设试点方案》要求，统筹谋划，大胆探索，取得了阶段性成效。吉林省于 2008 年率先全国开展林业站标准化建设试点，省林业厅与省发改、财政部门联合报请省人大常委会审议通过，每年从省筹育林基金中单独列支 800 万元用于标准站建设，并纳入财政预算。新疆在标准站建设试点中制定了三条原则：一是理顺管理体制，确保机构人员稳定；二是保障建设用地，每个乡镇无偿划拨 3 ～ 5 亩建设用地；三是完善基础设施，统一建设建筑面积 298 平方米、外观样式一致的业务用房。河南省选择山区、平原、农区等不同类型有代表性林业站，探索各具特色的标准站建设模式。截至 2013 年年底，全国共利用中央预算内基建投资 1.04 亿元、安排 519 个乡镇开展了标准站建设试点。2013 年 7 月，国家林业局工作总站在吉林省延边市举办了“全国标准化林业工作站建设试点工作研讨班”，现场学习了吉林省标准站建设经验，总结交流了各地试点工作的做法与成效，提出了进一步推进标准站建设的意见和建议。

■ 2014 年 3 月，国家林业局工作总站副总站长何美成（左一）在广东省仁化县基层林业站调研

■ 2016 年 10 月，国家林业局工作总站副总站长陈雪峰（右三）在云南省保山市隆阳区瓦窑镇林业站调研

■ 2016 年 9 月，国家林业局工作总站副总站长汤晓文（左二）在吉林省靖宇县赤松镇林业站调研

■ 2013 年 4 月，国家林业局工作总站副巡视员许绠（右二）在湖南省岳阳县基层林业站调研

■ 2013 年 7 月，全国标准站建设试点工作研讨班在吉林省延吉市举办

■ 2013 年 7 月，全国标准站建设试点工作研讨班代表在吉林省延吉市现场观摩完成标准站建设任务的乡镇林业站

吉林省标准站站房统一设计效果图（1）

吉林省标准站站房统一设计效果图（2）

新疆维吾尔自治区标准站站房统一设计效果图

国家林业局文件

林规发〔2014〕17号

国家林业局关于印发《基层林业工作站建设中央预算内投资计划管理办法（试行）》的通知

各省、自治区、直辖市林业厅（局），新疆生产建设兵团林业局，各计划单列市林业局：

《基层林业工作站建设中央预算内投资计划管理办法（试行）》已经2013年12月25日局务会议审议通过，现印发给你们，请遵照执行。

2014年2月20日

—1—

国家林业局印发《基层林业工作站建设中央预算内投资计划管理办法（试行）》

国家林业局文件

林站发〔2015〕39号

国家林业局关于印发《标准化林业工作站建设检查验收办法（试行）》的通知

各省、自治区、直辖市林业厅（局），新疆生产建设兵团林业局：

为进一步抓好标准化林业工作站建设，提高建设质量与成效，我局研究制定了《标准化林业工作站建设检查验收办法（试行）》（见附件），现印发给你们，请遵照执行。

附件：标准化林业工作站建设检查验收办法（试行）

2015年4月3日

国家林业局出台《标准化林业工作站建设检查验收办法（试行）》

国家林业局出台《乡镇林业工作站工程建设标准》

3. 政策引导促规范

为加强标准站建设的管理指导，保障这项工作顺利推进，国家林业局出台了一系列政策和办法。2009年下发了《关于开展标准化林业站建设试点工作的通知》，2012年修订印发了《乡镇林业工作站工程建设标准》，2014年印发了《基层林业工作站建设中央预算内投资计划管理办法（试行）》，2015年先后印发了《标准化林业工作站建设检查验收办法（试行）》《国家林业局关于进一步加强林业工作站建设的意见》和新修订的《林业工作站管理办法》。多数省级林业主管部门配套印发了相关文件，用政策引导和规范标准站建设。例如：北京市先后出台了《基层林业站建设标准》《基层林业站项目建设指南》《基层林业站建设项目检查验收办法》；吉林省制订下发了《林业站标准化建设指导意见》《基层林业站建设标准》《基层林业站标准化建设项目竣工验收办法（试行）》等规范性文件；辽宁省印发了标准站建设《项目实施方案样本》《项目验收报告样本》《项目管理实施细则》；云南、四川等省制定了《标准化林业站建设标准》，并将执行情况纳入各级政府森林资源管理目标责任状进行检查考核，促进标准站建设步入规范化、制度化轨道。

4. 科学规划谋全局

国家林业局印发的《全国林业工作站"十二五"建设规划》，明确了"十二五"期间标准站建设的具体任务和要求；2016年印发的《全国林业工作站"十三五"发展建设规划》，进一步细化了全国标准站建设任务与目标。吉林省编制了《吉林省基层林业站标准化建设规划》，对站房建设的造型、标识、标准、风格和模式作统一规定，并上报省发展和改革委员会审批立项，用政策和省级财政资金保障标准站建设项目实施。新疆维吾尔自治区编制实施了《新疆乡镇林业工作站建设项目规划》，采取统一设计、统一模式、统一标准、统一建设的方式，对全区林业站基础设施进行全面建设。云南省编制了《云南省乡镇林业站建设规划（2014—2018）》，明确了标准站建设任务。福建省编制了《福建省林业工作站"十三五"发展建设规划（2016—2020年）》和《福建省"十三五"标准化林业站建设实施方案》，已由省发展和改革委员会对标准站建设进行立项并发文实施。通过编制规划，指导各地有计划、有步骤地科学实施标准站建设项目。

全国林业工作站发展建设规划

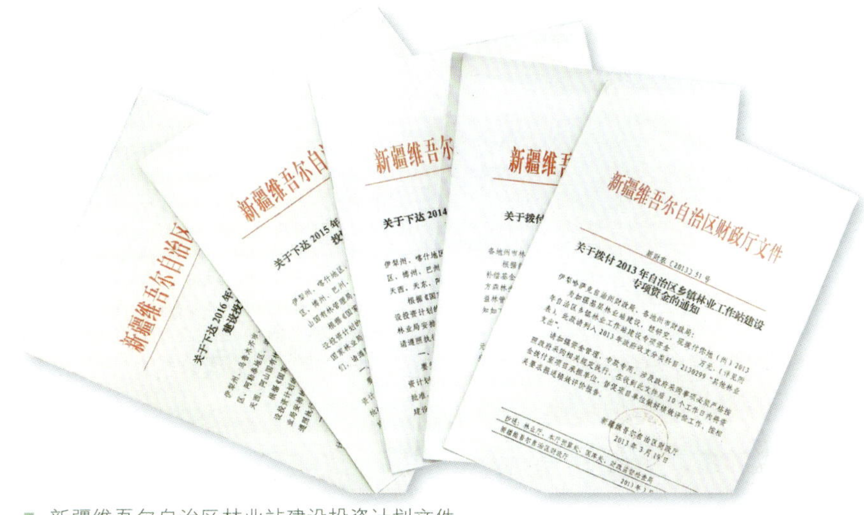

新疆维吾尔自治区林业站建设投资计划文件

吉林省发展和改革委员会文件

吉发改审批[2009]861号

关于吉林省林业工作站标准化建设规划的批复

省林业厅：

你厅上报《吉林省林业工作站标准化建设规划》（吉林函[2009]168号）文件收悉。为加强基层林业工作站基础设施配套建设，更好地完成全省林业生产建设任务，经研究，同意吉林省林业工作站标准化建设规划，具体批复如下：

一、建设内容及规模：建设林业工作站708个，新建林业工作站588个，面积84180平方米；改建、维修林业工作站120个，面积21520平方米。购置设备11630台（套），培训人员3768人次。

二、规划期限：2008年——2015年。

三、总投资及资金筹措：建设规划总投资12575.23万

吉林省发展和改革委员会批复林业工作站标准化建设规划

新疆乡镇林业工作站基础设施建设（2011年）年实施方案
概算书
第二册（共三册）

镇林业工作站基础设施建设（2011年）
设计图件
第三册（共三册）

新疆乡镇林业工作站
建设规划
新疆维吾尔自治区林业规划设计院

新疆乡镇林业工作站基础设施建设（2
实施方案设计说明
第一册（共三册）
新疆维吾尔自治区林业规划设计院

新疆维吾尔自治区编制的新疆乡镇林业站建设规划及基础设施方案

5. 培训指导提质量

从 2015 年至 2017 年，国家林业局工作总站举办了 12 期“全国标准化林业工作站建设片区培训班”。采取专家讲课、现场观摩、经验交流和座谈讨论相结合的形式，组织承担标准站建设项目的乡镇林业站站长，以及省、市、县三级林业站管理机构的领导和业务骨干共 1920 多人次，解读标准站建设相关政策和文件精神，传授建设办法与经验，明显提高了标准站建设质量和效益。3 年间，广西、湖北、吉林、新疆、福建、陕西、北京、青海、湖南、上海、宁夏、黑龙江等省（自治区、直辖市）先后为培训班提供了经典的教学案例，做出了重要贡献。各省级林业站管理机构也因地制宜地开展了标准站建设培训工作。河北、内蒙古、江西、广东等召开了全省（自治区）标准站建设现场培训会，并邀请国家林业局工作总站派员授课指导，推动标准站建设稳步实施；湖南省组织市县两级林业站管理人员以及林业站站长 200 多人，进行标准站建设培训；广西自治区专题培训标准站建设内容达 400 人次，先后召开了 3 次标准站建设推进座谈会，派出 60 多人次的指导组赴项目县进行督察指导；四川省组织开展培训 144 人次。

2017 年 5 月，全国标准站建设东部片区培训班在上海举办，图为分组讨论现场

2015 年 5 月，全国标准站建设中部片区培训班在湖北省谷城县石花林业站现场教学

2015 年 5 月，国家林业局工作总站建设处处长张志刚在全国标准站建设中部片区（湖北襄阳）培训班上授课

2016 年 6 月，吉林省林业工作总站梁学顺在全国标准站建设北部片区（北京）培训班上授课

2017 年 6 月，广西壮族自治区乡镇林业工作总站农韧钢在全国标准站建设北部片区（黑龙江黑河）培训班上授课

2017 年 5 月，湖北省林业工作总站邱祉轩在全国标准站建设东部片区（上海）培训班上授课

2017 年 6 月，青海省林业工作总站时保国在全国标准站建设西部片区（宁夏银川）培训班上授课

2015 年 6 月，河北省林业工作总站李利江在河北省举办的全省标准站建设培训班上授课

6. 投资拉动扩成效

从 2009 年至 2016 年，中央共投入预算内基本建设资金 3.48 亿元支持标准站建设，撬动地方财政投资 55.5 亿元，两者投入比例约 1:16，发挥了中央投资四两拨千斤的作用。吉林省自 2008 年启动试点以来，共争取中央投资 2170 万元、省级投资 6100 万元、市县筹集资金 1.5 亿元，合计 2.3 亿元建设了 473 个省级标准站；新疆维吾尔自治区财政投入超过 2.04 亿元用于 682 个林业站的站房建设，占全疆总站数 90% 左右；广西壮族自治区各级财政投入 1 亿多元开展林业站基础设施建设大会战，完成 338 个林业站站房建设任务；福建省级财政投入 6460 万元，已完成 59 个标准站的建设任务；江西省财政投入 2700 万元用于 260 个林业站建设。四川省 2014 年将基层林业站建设纳入《四川省林业补助资金》范围，共投入 2380 万元，加强省级标准站建设。在建设任务安排上，各级林业主管部门注重向领导重视、自筹资金较多、林业站机构队伍建设有突破的地区倾斜，努力增强标准站建设项目先进先行、以先进带后进的示范扩大效应。

中央共投入预算内基本建设资金 3.48 亿元

地方财政投资 55.5 亿元

■ 湖北省标准站项目建设单位严格自查，将资料汇编成册

■ 2016 年 8 月，国家林业局工作总站总工程师伍步生（右一）带队核查广西壮族自治区百色市右江区汪甸林业站标准化建设情况

7. 检查验收结硕果

各级林业主管部门注重对标准站建设进度、质量和效应的检查指导，推动这项工作又好又快地发展。国家林业局工作总站根据相关办法，在县级自查、省级验收的基础上，于 2016 年和 2017 年组织开展了国家核查。其中，2016 年核查 2014 年之前安排的项目，确认全国共有 860 个林业站达到合格标准，国家林业局办公室印发了《关于 2016 年度全国标准化林业工作站建设核查情况的通报》，对合格站授予“全国标准化林业工作站”名称。2017 年主要核查 2015 年安排的项目，确认全国又有 477 个林业站达到合格标准。截至 2016 年底，全国累计建成 1337 个国家级标准站。北京、吉林、湖北、安徽等省（直辖市）和新疆生产建设兵团高度重视标准站检查验收工作，促进本辖区标准站建设保质保量按期完成任务。通过各级认真开展检查验收，总结了各地标准站建设的主要做法和经验，指出了存在的问题，保障了建设质量，增强了示范效应，促进了地区间学习借鉴。

■ 2016 年 10 月，国家林业局工作总站副总站长周洪（右一）带队核查湖南省泸溪县塘溪镇林业站标准化建设情况

■ 国家林业局核查组在新疆生产建设兵团开展标准站建设核查

■ 北京市林业工作总站对延庆区大庄科标准站建设进行前期现场指导

■ 吉林省林业厅验收组对梨树县东河镇林业站建设项目进行验收

■ 湖北省林业厅组织对阳新县浮屠林业站建设项目进行验收

■ 安徽省林业厅验收组对林业站建设项目进行验收

■ 青海省林业厅组织对大通回族土族自治县新庄镇林业站建设项目进行验收

■ 2016 年 12 月，国家林业局工作总站领导为首批全国标准站授牌

1. 机构队伍得到巩固

许多地方以标准站建设为契机，积极争取党委、政府和有关部门支持，在林业站的机构编制、人员经费纳入财政预算和队伍素质提升等方面取得重要突破。吉林省全面实现了按乡镇设置林业站，且林业站职工全部纳入事业编制。云南省林业厅积极协调省编办等部门，出台了加强林业公共服务体系建设的政策，保留了林业站机构，稳定了队伍。据不完全统计，2014 年以来，辽宁、安徽、河南、重庆、江苏以及黑龙江、上海、内蒙古等省（自治区、直辖市）新建林业站 50 个，恢复林业站 143 个，在机构改革后纳入乡镇农业综合服务中心等单位中加挂林业站牌子 394 个。与 2010 年相比，全国林业站人员经费纳入财政全额的比例提高了 11 个百分点，大专以上文化程度人员比例提高了 11.3 个百分点。标准站建设大大增强了职工责任感和自豪感，激发了工作热情，推进了林业站队伍年轻化、知识化、专业化和稳定化。

吉林省林业厅文件

吉林站〔2007〕143 号

吉林省林业厅关于进　步推进
乡镇林业站经费纳入财政预算工作的通知

各有关县（市、区）林业局：

为贯彻落实国务院《关于深化改革加强基层农业技术推广体系建设的意见》（国发〔2006〕30 号）和省委、省政府《关于免征农业税综合配套改革试点的实施意见》（吉发[2005]20 号）精神，去年，省厅先后下发了《关于加强乡镇林业工作站建设的通知》（吉林造［2006］727 号）和《关于催办乡镇林业站经费纳入财政预算的函》对林业站经费纳入财政工作进行了安排部署。从前一阶段进展情况看，绝大多数县份能够认真落实国务院和省委、省政府有关文件精神，较好地解决了林业站机构编制和经费纳入地方财政问题。但仍有部分县（市、区）工作进展缓慢，乡镇林

-1-

■ 吉林省将乡镇林业工作站经费纳入财政预算的文件

2. 基础设施明显改善

建一个、成一个、示范带动一大片是标准站建设的策略和目标。该项目的实施，促进了各地林业站基础设施建设。2009—2016 年，全国新建林业站站房 4007 处，有些省（自治区、直辖市）还统一了新建站房的外观与建筑面积；有 72% 的站新购置了计算机。验收合格的每个标准站都配备了森林防火、林业有害生物防治、资源林政管理、野生动植物保护等野外调查监测的仪器设备，以及公众宣传教育、科技推广培训等设施设备，极大地改善了林业站生产生活条件。例如，广东省和平县热水林业站的新建站房与老站房形成鲜明对比；吉林省基本实现每个标准站都有一辆皮卡车；内蒙古自治区利用森林保险防灾减损资金为基层林业站购置了林业有害生物防治、森林防火设备和交通工具；福建省为林业站的专职护林员配备了摩托车；福建省和内蒙古自治区武山县为林业站的护林员配备带定位系统的手机，便于及时监控护林情况；广西壮族自治区甚至为标准站配备了无人机，用于森林资源调查与管护。

江西省德安县聂桥林业站站房

河南省嵩县白河林业站站房

广东省和平县热水林业站原站房

广东省和平县热水林业站新建站房及庭院绿化全景

■ 黑龙江省尚志市老街基林业站站房

■ 湖北省武汉市黄陂区姚家集林业站与街道其他站所的办公用房连成一体

■ 北京市延庆区永宁林业站防火值班休息室

■ 吉林省桦甸市横道河子林业站职工的办公场景

■ 青海省大通回族土族自治县朔北乡林业站防火物资库房

■ 黑龙江省虎林市虎林林业站的小型仪器设备

■ 新疆生产建设兵团第八师石河子总场林业站的测量器械

■ 吉林省通化县英额布林业站森林消防车

■ 内蒙古自治区扎兰屯市浩饶山镇林业站交通工具

■ 福建省沙县青州林业站为护林员配备的摩托车

■ 新疆生产建设兵团第八师石河子总场林业站森防机械

■ 广西壮族自治区百色市右江区阳圩镇林业站工作人员操作无人机进行林地调查

■ 福建省给护林员配带定位系统的手机及时监控护林情况

3. 管理水平明显提高

通过标准站建设，有力培养和锻炼了人才队伍，提高了林业站内部管理水平。北京、吉林、广西等省（自治区、直辖市）开发了林业站信息管理系统，既便于各级林业主管部门随时了解所辖林业站的现状与动态、高效快捷地指挥这支队伍，又便于林业站准确把握辖区内森林资源状况、林业生产经营进度和各项工作任务完成情况；福建省创新了林业站标识，统一了站牌，规范了图表、制度上墙的格式、风格、颜色等，塑造了林业基层窗口的良好形象；吉林、广西等省（自治区）出台了林业站服务制度和服务规范，在图表制作、档案管理、信息化等方面提出了统一要求，显著提高了基层林业站管理水平；湖北省宜昌市夷陵区樟树坪镇、谷城县南河镇等林业站的档案管理达到了省评一级标准。浙江、福建等省开发了护林员管理系统，由林业站对乡村护林员实行实时定位监管。

吉林省林业站信息管理系统

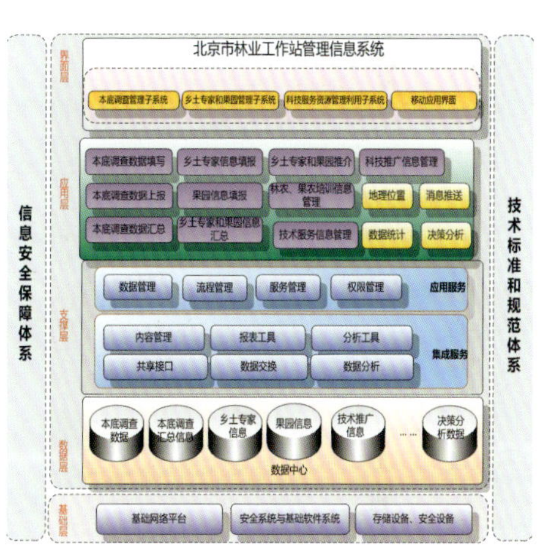

北京市林业站管理信息系统首页截图

广西壮族自治区创建林业站信息管理系统

■ 福建省创新制作的林业站标识，在全省林业站统一使用

■ 吉林省靖宇县赤松镇林业站承诺制度

■ 吉林省靖宇县赤松镇林业站岗位责任制

■ 吉林省靖宇县赤松镇林业站工作流程图

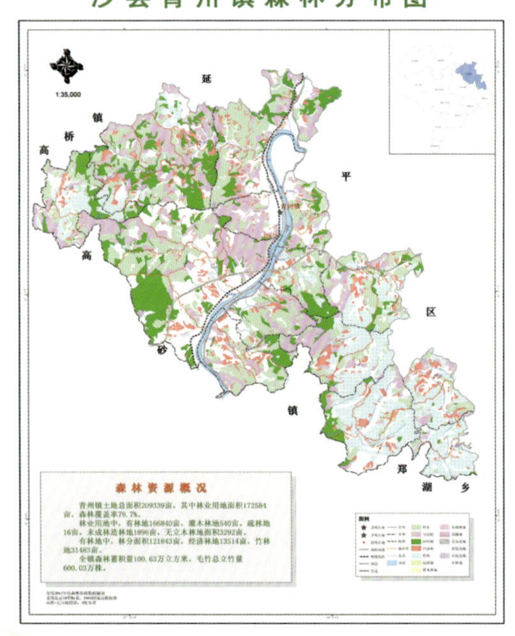

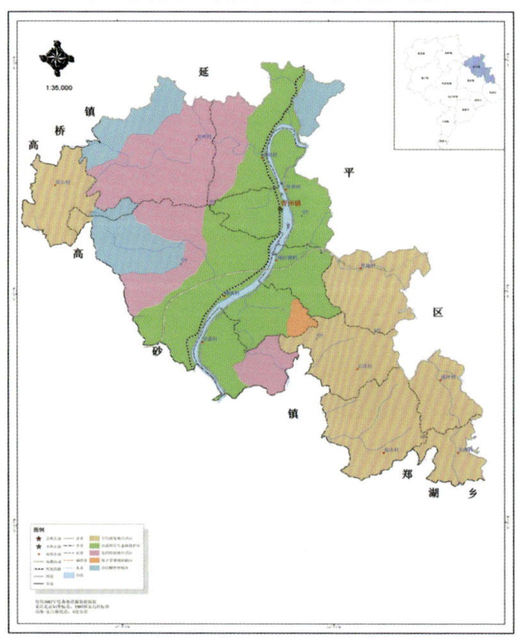

■ 福建省沙县青州林业站两图

湖北省宜昌市夷陵区樟村坪林业站档案管理达“省一级”标准

湖北省宜昌市夷陵区樟村坪林业站、谷城县南河镇林业站档案目标管理达到“省一级”标准

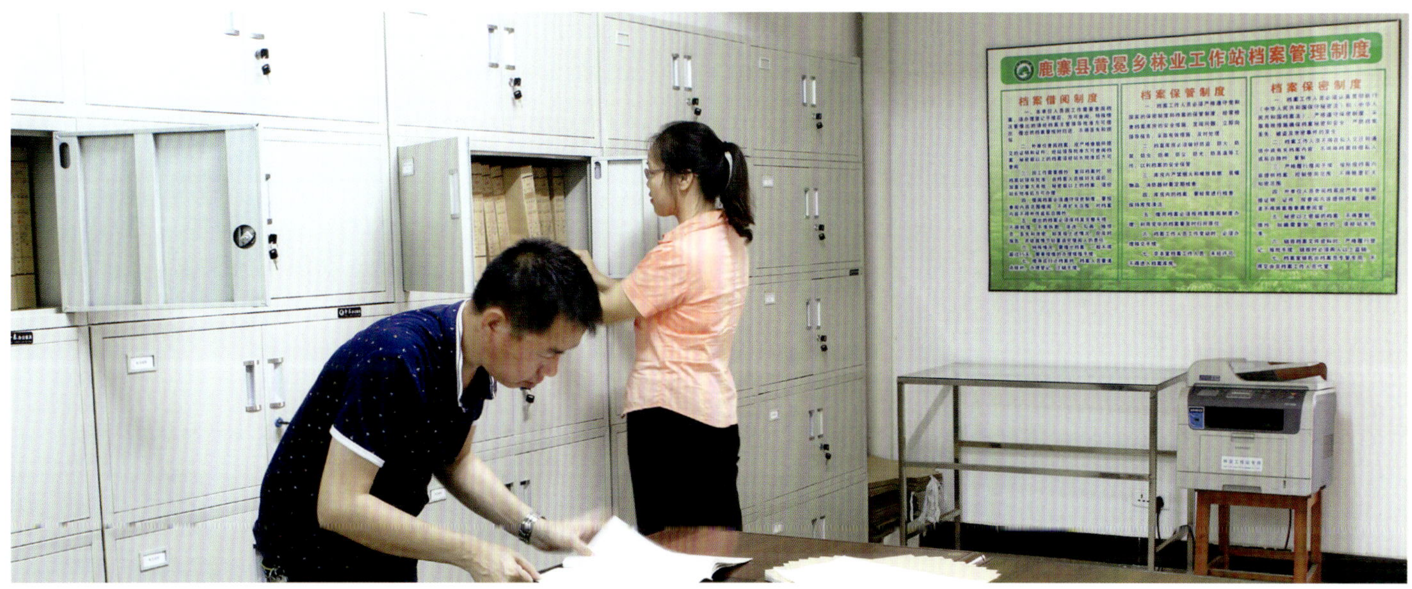

广西壮族自治区鹿寨县黄冕乡林业站档案室

福建省南平市建阳区童游林业站通过网络对护林员进行管理

为民服务全程代理员岗位职责

为了进一步转变工作职能，提高工作效率和服务水平，树立廉洁高效、行为规范、公正透明的基层林业站形象。通过整合和优化内部组织机构和运行机制，公开审批和服务事项，对外设立统一的代理机构，从接到申办人申请开始，经过受理、承办、回复等环节，在规定时限内办结其申办事项，为申办人提供便捷、高效、优质的全程代理服务，作为全程代理员必须遵守以下各项岗位职责。

1. 认真学习林业各项方针政策、法律、法规，熟悉代理项目所需材料、办理程序、收费标准、收费依据、办理时限等业务要求。

2. 做好为民服务全程代理的宣传、发动工作，当好为民服务的宣传员、工作员、服务员。

3. 认真做好代理登记，妥善保管办事群众提供的各种证明、证件等资料，及时办理受理事项。

4. 按时参加为民服务全程代理工作学习培训，不断提高自身业务水平。

5. 自觉接受群众监督，虚心听取群众意见，及时反馈群众意见和建议，做到事事有回音，件件有着落。

6. 妥善保管好各种资料，定期进行整理归档。

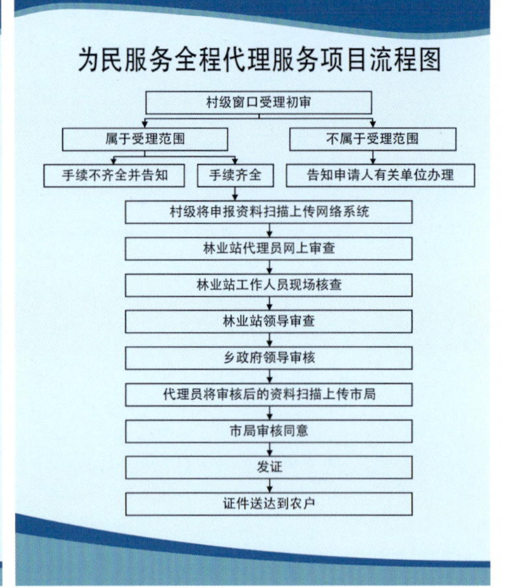

■ 湖北省恩施市屯堡林业站首创“为民服务全程代理”服务模式，图为代理员岗位职责和代理项目流程图

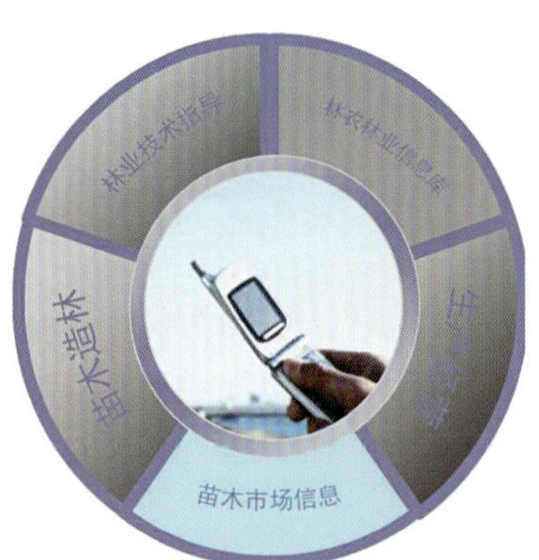

【新市林业站】各林农：2012年春栽植了油茶并申报林业项目补贴的农户，请于八月九日上午，带上身份证到林业站领取造林补贴。　2012年8月6日
【新市林业站】为严厉打击不法分子盗挖生态公益林的对节白蜡树，我站特设举报电话13707262687彭文贵，一经查实，奖励伍佰元，并保密。　2012年12月1日
【新市林业站】木材市场价格信息：杨树小头直径9公分以上，长度足2.8米，价格530元/吨，约每立方米630元，4CM以上，长1.5米-2.8米，450元/吨，每立方米540元。联系人：胡经理：13971839587，荆门宝源集团。　2012年11月3日
【新市林业站】各位林农请于2月8日前将2013年度需要采伐林木的申请交村干部汇总后报林管站备案，以便安排采伐计划，望相互转告。　2013年2月5日
【新市林业站】天干风大植物燥，野外用火要注意，野外用火须审批，擅自用火，从严查办，造成损失，照价赔偿，触犯法律，

■ 湖北省京山县新市林业站收集林农手机号码，建立信息发布网络。图为短信涉及范围和部分短信内容

■ 湖北省武汉市黄陂区李集林业站开展油茶无纺布轻基质容器育苗

4. 服务能力明显增强

通过标准站建设，极大地增强了林业站职工服务林业、服务林农的热情和能力。湖北省在标准站建设过程中，探索总结了全程代理、“一站式”服务的“屯堡模式”“京山模式”和“黄陂模式”，深受广大林农欢迎，并在全国交流推广；湖北省谷城县南河镇林业站因为业绩突出被群众投票当选襄阳市10个“最佳人民满意基层站所”之一，受到政府嘉奖表彰，展现了林业站贴近林农、群众爱戴的优良品质和良好形象；湖南、福建等省将林业部门办理采伐证、运输证等服务林农项目延伸到林业站，实行“一站式”服务，使林农足不出乡即可快速办证。广西壮族自治区结合标准站建设推进“一站式、全程代理服务”，全区58个标准站都已开展了这项服务，受到林农称赞。

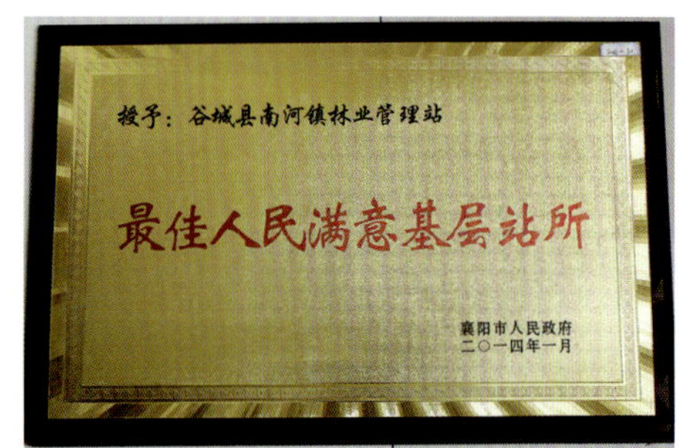

■ 2014年，湖北省谷城县南河镇林业站获得襄阳市人民政府“最佳人民满意基层站所”荣誉称号

■ 湖南省浏阳市葛家乡林业站一站式服务大厅

■ 福建省武夷山市洋庄林业站服务窗口

■ 广西壮族自治区鹿寨县黄冕乡林业站一站式服务窗口

5. 职能作用更好发挥

标准站建设产生了巨大的示范效应，提高了我国林业站的整体水平，促进了职能作用的有效发挥。截至 2016 年底，全国共有林业站 23638 个（其中 2459 个负责两个以上乡镇），覆盖了我国 91% 的乡镇。有 29% 的站加挂了野生动植物保护管理站的牌子，32% 的站加挂了森林防火指挥部的牌子，18% 的站加挂了林业技术推广站的牌子，23% 的站加挂了公益林资源管理站的牌子，15% 的站加挂了森林病虫害防治站的牌子。44% 的站受委托开展林业行政执法，42% 的职工具有林业行政执法证。"十二五"期间，全国林业站年均组织指导造林绿化面积占其总面积的 64%，森林抚育面积占 60%，四旁植树株数和林业有害生物防治面积均占 80% 以上，受理林业行政案件数量约占 30%；有 1.45 万个林业工作站推行了"一站式""全程代理"等服务模式。2016 年，全国林业站培训林农 840 多万人次；同时对 4 万个集体、联办及户办林场进行业务指导，还管理着 68 万多名乡村护林员，指导扶持林业合作经济组织 11.3 万个，带动农户 339 万户，有效地促进了山增绿、林增效、民增收。例如，北京市的林业站在百万亩平原造林工程、京津风沙源治理工程中承担了大量的造林设计、管护等任务，并指导、扶持林业经济合作组织 261 个，带动 2.9 万农户发展农林经济，科技推广面积 9897 公顷。甘肃省的林业站扶持龙头企业、专业合作组织 2690 个，带动农户 8 万余户，送科技下乡，培训林农 55 万余人次。此外，积极开展脱贫攻坚活动，有 20 个省（自治区、直辖市）的林业站参与了建档立卡贫困人口生态护林员的选聘与管理工作，为 27.5 万户贫困户精准扶贫、精准脱贫起到了支撑保障作用。

■ 广东省佛山市高明区更合镇林业站 6 块牌子

林业行政处罚委托书

■ 湖北省保康县林业局授权过渡湾林业站的行政处罚委托书

■ 云南省陇川县清平乡林业站 5 块牌子

■ 甘肃省天水市秦州区皂郊林业站造林起苗现场

■ 辽宁省宽甸满族自治县杨木川镇林业站对果农现场技术指导

■ 吉林省集安市凉水乡林业站护林员巡护公益林

■ 湖北省京山县三阳林业站请省厅专家在梅子冲油茶基地对林农进行修枝整形培训

河南省嵩县白河林业站组织森林病虫害防治

甘肃省金塔县中东林业站监测病虫害

浙江省龙泉市屏南镇林业站防治森林病虫害

吉林省集安市凉水乡林业站拆除违法者布设的鸟网

吉林省集安市台上镇林业站组织开展森林火灾应急演练

新疆生产建设兵团第六师 68 团林业站为学生宣讲林业科普知识

甘肃省靖远县东湾林业站护林员集体学习

■ 广西龙胜各族自治县龙脊镇林业站工作人员带领生态护林员落实管护区

■ 吉林省通化县英额布林业站开展营林生产质检

■ 河北省围场满族蒙古族自治县四合永林业站开展森林抚育

■ 吉林省通化县乡镇林业站组织美丽乡村建设

■ 贵州省从江县高增乡林业站指导建设的经济林基地

吉林省镇赉县莫莫格乡林业站保护下的东方白鹳

福建省沙县青州林业站护林员进山巡逻

绿水青山中的广西壮族自治区荔浦县蒲芦乡林业站

青海省大通回族土族自治县新庄镇退耕还林的管理成效

湖北省竹山县乡镇林业站组织的宜林地造林

习近平总书记指出，“我们追求人与自然的和谐、经济与社会的和谐，通俗地讲就是要‘两座山’：既要金山银山，又要绿水青山，绿水青山就是金山银山”。党的十九大作出了“中国特色社会主义进入了新时代”的重大政治判断。十九大报告强调：“建设生态文明是中华民族永续发展的千年大计。必须树立和践行绿水青山就是金山银山的理念，坚持节约资源和保护环境的基本国策，像对待生命一样对待生态环境……坚定走生产发展、生活富裕、生态良好的文明发展道路，建设美丽中国，为人民创造良好生产生活环境，为全球生态安全作出贡献。”林业是生态文明建设的主体，是营造绿水青山的主力军，承担着不可替代的历史重任。林业站是各项林业工作的落脚点，是国土绿化的前沿站、林业资源的管护站、林农致富的贴心站、乡村振兴的服务站、美丽中国的化妆站。在我国广袤的乡村，宣传国家林业政策、推进国土绿化和绿色发展、实施重要生态系统保护与修复工程等等，最终都要依靠基层林业站的一线工作来落地生根。

实现中华民族伟大复兴的伟大梦想，进一步增强了我国林业站职工投身生态文明建设的责任感和使命感；夺取中国特色社会主义伟大胜利的伟大工程，进一步坚定了我国林业站职工奋力装点绿水青山的信心和决心；决胜全面建成小康社会的伟大号召，进一步激发了我国林业站职工履职尽责的活力与能力；实施乡村振兴战略的英明决策，进一步指明了我国林业站职工的主要战场和重点任务。新时代的林业站迎来了更好的发展机遇和更加宽广的履职舞台。为此，以习近平新时代中国特色社会主义思想为指引，深入贯彻落实党的十九大精神，全面实施《国家林业局关于进一步加强林业工作站建设的意见》和《全国林业工作站“十三五”发展建设规划》，把标准站建设作为当前和今后一段时期林业站建设的重点工程抓紧抓好，具有重要的现实意义和深远的历史影响。

国家林业局令

第39号

《林业工作站管理办法》已经2015年10月30日国家林业局局务会议审议通过，现予公布，自2016年1月1日起施行。

国家林业局局长 张建龙

2015年11月24日

— 1 —

■ 国家林业局出台《林业工作站管理办法》

■ 甘肃省天水市秦州区皂郊林业站组织群众造林

■ 吉林省通化县二密林业站指导造林

■ 吉林省敦化市翰章林业站职工瞭望管护森林

“长风破浪会有时，直挂云帆济沧海”。我们相信，只要国家林业局工作总站进一步完善制度、强化管理、加强培训、悉心指导，着力实现既定的标准站建设任务与目标；只要各省级林业主管部门继续贯彻落实国家林业局有关会议和文件精神，积极争取本级政府和相关部门对林业站的机构队伍和资金投入等方面的支持，认真组织实施本辖区的标准站建设项目，推动市县两级人民政府和林业主管部门大力开展标准站建设；只要已建成的标准站带头遵循新修订的《林业工作站管理办法》，进一步加强学习、健全制度、规范管理、当好样板，着力争创“全国优秀标准化林业工作站”，就能形成全国一盘棋、上下一条心，继续加大标准站建设力度，扩大标准站建设成效，从而筑牢林业基石，示范带动整个林业站系统奋力装点绿水青山，为实施乡村振兴战略、推进绿色发展和生态系统保护与修复工程、建设美丽中国做出新的更大贡献。

■ 湖北省神农架林区宋洛林业站开展森林巡护

■ 金丝猴在湖北省神农架林区悠闲玩耍

■ 吉林省大安市大岗子镇林业站保护下的牛心套保芦苇沼泽湿地

■ 吉林省吉林市丰满区基层林业站培育保护的松花江流域森林资源

■ 贵州省荔波县茂兰喀斯特森林

第二部分

省份集锦

北京市

截至 2016 年，北京市有林业站 163 个，建成标准站 38 个。其中，中央预算内投资 760 万元、区（县）及乡镇配套资金 3288 万元；新建、拆除、修葺站房 14683 平方米；购买办公设备、器械等 170 多台套；购置车辆 3 台。

北京市标准站建设，一是制定项目逐级申报制度；二是编制项目建设指南，规范建设内容；三是全部建立"一站式服务大厅（室）"，全面提升为民服务效率；四是需具备独立站房，权属应林业站自有；五是站房面积一般不低于 410 平方米；六是建立健全"两图两表"和各项规章制度并上墙，建立站务公开栏；七是设置独立档案室，配备档案柜，实行计算机管理；八是站长、副站长及业务人员需登陆"乡镇林业工作站岗位培训在线学习平台"进行 50 学时以上的学习；九是标准站建设期间向市林业站上报信息不得少于 2 篇；十是项目资金实行专款专用，单独核算。

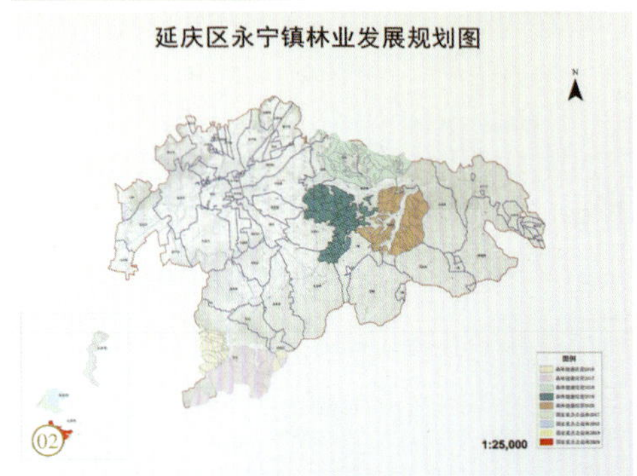

图 01 延庆区永宁林业站森林资源分布图
图 02 延庆区永宁林业站林业发展规划图
图 03 延庆区永宁林业站航拍全貌

图 04　延庆区八达岭林业站站房
图 05　延庆区永宁林业站防火器材库
图 06　延庆区永宁林业站多功能会议室
图 07　门头沟区斋堂林业站院门
图 08　延庆区八达岭林业站档案室
图 09　延庆区永宁林业站科技培训计算机房
图 10　昌平区沙河林业站对林木进行抗旱喷水

河北省

截至2016年年底，河北省已建成标准站47个，全部通过了国家林业局验收。

河北省标准站建设，始终牢牢抓住建设质量这一关键环节。在基础设施建设上，实现了独立站房，配置了自动化办公设备、交通工具和防火、病虫害防治以及果品检测检验等必要的工作器具，为各项职能发挥提供了基础保障；在队伍建设上，着重以提升林业站人员素质、增加专业技术人员比重为目标，采取多种形式开展培训工作，实现了大专以上学历、专业技术人员90%以上的高标准配置。在体制机制上，以林业部门垂直管理的区域站为主体，以发挥不同区域、不同条件林业站职能作用为主线，因地制宜，创新机制，形成了一套既能适应本省林业发展需要，又能充分发挥林业站职能作用的新型建站模式。

随着标准站建设规模的扩大和质量的不断提高，河北省林业站职能作用将得到进一步发挥，在全省林业建设中也将做出更大的贡献。

图01 围场满族蒙古族自治县四合永林业站站房
图02 河间市留古寺林业站站房
图03 邢台县路罗林业站站房

图 04 涿鹿县河东林业站办公设备

图 05 围场满族蒙古族自治县四合永林业站档案管理

图 06 围场满族蒙古族自治县四合永林业站苗圃管理

图 07 围场满族蒙古族自治县四合永林业站送苗到村

图 08 围场满族蒙古族自治县四合永林业站组织造林

图 09 邢台县路罗林业站技术人员开展资源调查

图 10 河间市留古寺林业站指导林下养殖

图 11 围场满族蒙古族自治县四合永林业站防治病虫害

图 12 围场满族蒙古族自治县四合永林业站育苗基地

图 13 河间市留古寺林业站组织春季造林
图 14 围场满族蒙古族自治县四合永林业站现场技术培训
图 15 围场满族蒙古族自治县四合永林业站开展技术培训
图 16 邢台县路罗林业站向村民分发"明白纸"，宣传林业政策
图 17 河间市留古寺林业站虫害防治
图 18 河间市留古寺林业站向林农讲解无公害生产新技术

山西省

截至 2016 年年底，山西省累计建成标准站 30 个，建筑总面积 6402 平方米。通过开展标准站建设，有效改善了林业站办公场所，提升了形象，发挥了示范带动作用，增强了工作积极性，显著提高了管理水平和履职能力。

在项目实施中，主要采取的措施：一是坚持自下而上申报原则，合理筛选实施单位。认真执行《全国标准化林业站建设试点方案》要求，采取“县申请、市审核、省筛选”的申报制度。二是强化组织领导，科学确定建设内容。各项目建设县安排专人负责标准站建设工作，编制实施方案，严格按照省级批复的方案建设。三是加强督促指导，注重项目监督管理。对标准站的选址、方案编制、建设质量、完善内部管理等各个环节进行不定期的督促检查、指导服务。四是严格资金管理，确保投资成效。项目建设资金全部实行专户管理，做到专款专用，杜绝挤占、截留、挪用建设资金现象的发生。

图 01 灵丘县独峪林业站站房
图 02 平陆县常乐镇林业站站房
图 03 平陆县常乐镇林业站森林巡护摩托车
图 04 交城县为标准站建设配备的交通工具

图 05 平陆县常乐镇林业站造林地

图 06 平陆县常乐镇林业站营造的生态林

图 07 平陆县常乐镇林业站正在组织造林

图 08 平陆县常乐镇林业站开展核桃林冬季修剪培训

图 09 平陆县常乐镇林业站核桃林综合管理培训现场

内蒙古自治区

截至 2016 年年底，内蒙古自治区已建成标准站 67 个。配备办公、通讯、资源管理、防火、宣传教育等设备设施，修缮办公用房及绿化站所环境，内部管理制度张贴上墙，各项工作公开透明，培训相关业务骨干。实现了设施设备齐全、站容站貌整洁美观、内部管理规范、人员素质有所提升的建设目标，标准站的整体工作环境、工作条件及工作氛围等都有了较大的改善。

全区标准站建设取得了显著的成效。一是乡镇林业站的工作更规范有序，提升了各级政府及林业主管部门对林业站工作的重视程度。二是为一些本有意愿建设基层林业站但苦于资金不足的地区和部门增加了资金投入，提升了各地开展林业站建设的积极性。三是改善工作生活条件，配备设备设施，整理站容站貌，提升了站员的归属感、荣誉感和舒适感，工作起来更投入、更舒心。四是健全完善了各项规章制度，提升了基层林业站的工作服务能力，使各项工作有章可依，有规可循。

图 01 阿拉善右旗雅布赖镇林业站站房
图 02 阿拉善右旗雅布赖镇林业站绿化美化鸟瞰
图 03 扎兰屯市浩饶山镇林业站站房
图 04 林西县新城子镇林业站站房
图 05 土默特右旗苏波盖镇林业站交通工具
图 06 林西县新城子镇林业站交通工具

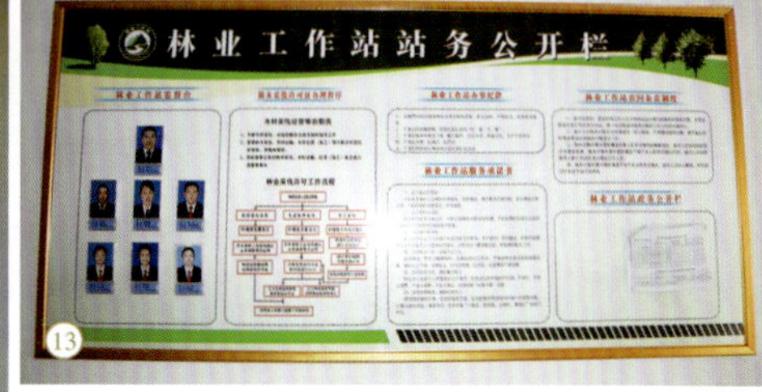

图 07 扎兰屯市浩饶山镇林业站办公设备

图 08 乌拉特后旗巴音宝力格镇林业站政务中心

图 09 林西县新城子镇林业站组织的造林地

图 10 土默特右旗苏波盖镇林业站森林防火外部监控设备

图 11 和林格尔县大红城乡林业站站长在造林现场剪树

图 12 乌拉特后旗巴音宝力格镇林业站岗位责任制度

图 13 乌拉特后旗巴音宝力格镇林业站站务公开栏

图 14　林西县新城子镇林业站沙棘丰收
图 15　林西县新城子镇林业站的城镇绿化成果
图 16　乌拉特后旗巴音宝力格镇林业站的城镇绿化成果
图 17　林西县新城子镇造林现场

辽宁省

辽宁省共有乡镇林业站 865 个，自 2009 年以来共建成 67 个标准站，中央预算内投资 1764 万元。

2016 年 3 月，该省制订了《辽宁省标准化林业工作站建设项目管理实施细则（试行）》，对项目立项、建设和验收三个环节作出具体要求。立项时，县级初选、市级审核、省级统筹安排确定申报单位。计划下达后，及时指导建设单位编制实施方案。建设过程中，组织建设单位站长参加培训，提出建设具体要求，及时检查项目资金落实，督导项目建设实施进度，督促项目实施。严格按照有关文件规定检查验收。

通过标准站建设，进一步加强了林业站基础设施，提升了管理服务能力和水平，提高了办公、办事效率，拓展了林业站为广大林农的社会化服务范围。

图 01 新民市柳河沟镇林业站站房
图 02 北票市大板镇林业站站房及交通工具
图 03 宽甸满族自治县杨木川镇林业站站房及防火车
图 04 桓仁满族自治县沙尖子镇林业站站房及交通工具
图 05 桓仁满族自治县沙尖子镇林业站防火工作器械

01

03

02

04

05

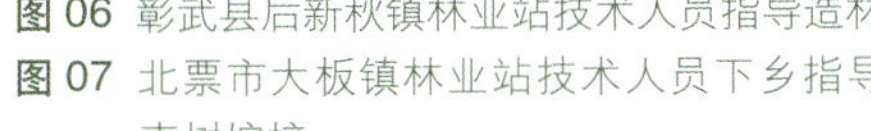

图 06 彰武县后新秋镇林业站技术人员指导造林
图 07 北票市大板镇林业站技术人员下乡指导枣树嫁接
图 08 彰武县后新秋镇林业站护林员例会
图 09 宽甸满族自治县杨木川镇护林员巡山

吉林省

吉林省于2008年在全国率先启动了以"管理体系化、建设标准化、执法规范化、服务社会化"为目标的林业站标准化建设。着力稳定机构队伍，加强基础设施，规范管理制度，提升服务能力。截至2016年年底，共整合国家、省和地方配套资金投入2.3亿元，建成省级标准站474个、国家级标准站75个，共配备先进办公设备和机具万余台（套）。

吉林省标准站建设不仅成为全省的样板工程，而且为全国树立了典范，成效显著。其项目建设特点是：实行统一规划、统一设计、资金保障、建设规范。新建站房重塑了林业的整体形象，极大地改善了林业站办公环境和工作条件，激发了广大职工积极性；全省704个乡镇全部实现了按乡设站，核定全额事业编制4055名，健全完善了省、市、县、乡四级林业站管理体系，形成了以林业主管部门领导为主的管理体制；强化管理，责任明确，制度健全，工作规范，执法有力，全省4000万亩集体林地管护良好；加强服务能力建设，有580个站推行"一站式、全程代理"服务，指导扶持林业经合组织和各类产业协会近千个，直接带动农户80多万户。项目建设促进了乡镇林业站公共管理与服务能力全提升，为全省生态建设提供了坚实的基础保障。

图 01 和龙市西城镇林业站站房
图 02 桦甸市横道河子林业站站房
图 03 龙井市老头沟林业站站房
图 04 东丰县南屯基镇林业站站房
图 05 龙井市白金林业站站房
图 06 龙井市三合林业站站房
图 07 龙井市东盛涌乡林业站站房

图 08 集安市凉水乡林业站办公环境优良、设备齐全
图 09 2013 年 1 月，龙井市林业局为每个乡镇林业站配备森林防火车和交通工具各一辆
图 10 集安市凉水乡林业站防火器械
图 11 通化县大泉源林业站森林资源调查及科技推广设备
图 12 通化县英额布林业站森林资源调查工作器械
图 13 省林业总站设计的林业站执法用车统一标识
图 14 东丰县南屯基镇林业站行政执法交通工具
图 15 桦甸市公吉林业站办公设备

16

19

20

17

吉林省人民政府文件

吉政发〔2007〕25号

吉林省人民政府关于深化改革
加强基层农业技术推广体系建设的实施意见

各市（州）人民政府，长白山管委会，各县（市、区）人民政府，省政府各厅委、各直属机构：

为做好新形势下的基层农业技术推广服务工作，充分发挥基层农业技术推广体系在建设现代农业、培育新型农民、构建社会主义和谐新农村等方面的重要作用，根据《国务院关于深化改革加强基层农业技术推广体系建设的意见》（国发〔2006〕30号）精神，结合我省实际，现就深化改革、加强基层农业技术推广体系建设提出如下实施意见。

一、指导思想、基本原则和总体目标

（一）指导思想。以邓小平理论和“三个代表”重要思想为指导，坚持科学发展观，认真贯彻党的十六大、十六届六中全会

— 1 —

21

18

图 16 基层林业站大力开展绿色宜居乡村建设工程。图为通化市二道江区横道村绿化后的面貌

图 17 通化县朝阳乡林业站扶持群众种植的返魂草中药材

图 18 长春市双阳区双营子乡林业站管理的农田防护林

图 19 通化县快大镇林业站指导繁荣村种植的林下参基地

图 20 集安市凉水乡林业站开展病虫害防治工作

图 21 省政府下发文件，使全省林业站编制和经费得以全面解决

图 22　桦甸市公吉林业站到公郎头村预约服务点办公

图 23　集安市台上镇林业站开展林政管理巡察工作

图 24　长白山远眺

图 25　柳河县充分发挥基层林业站的作用使森林得到保护、生态良好

图 26　永吉县北大湖镇林业站协助镇政府到群众家中宣传防火并签订“十户联防”公约

图 27　通化县英额布林业站开展营林生产质量检查

黑龙江省

黑龙江省按照国家林业局标准站建设要求，科学规划、精心组织、坚持标准、稳步推进，截至 2016 年年底，全省共建成 48 个标准站。

主要有以下做法，一是省林业厅党组提出"整合资源、理顺体制、增加投入、提高素质、规范管理"的建设思路，充分调动了各地加强林业站建设的积极性。二是科学指导，按年度召开标准站建设工作座谈会，征求基层意见。举办标准站建设培训班，特别是对内业建设提出了具体要求，制作了模板，并在标准站建设中执行。三是认真组织各建设单位编制实施方案，按照科学性、合理性、可操作性，符合国家林业局标准站建设有关要求的原则审批，保障标准站建设顺利开展。四是省林业厅近年来在森林防火扑救设备分配上，对标准站建设给予了大力支持。各地政府和林业主管部门在站房配置上给予重点倾斜。

通过标准站建设，办公环境得到了明显改善，新建和维修了办公用房，增添了办公桌椅、沙发和档案柜等，站容站貌和工作环境焕然一新；配齐了必要的办公设备、工作器械和交通工具，较大提高了林业站的管理和服务能力；促进站务管理及内业建设标准化、规范化，林业站的管理更加科学、有序，促进了职能作用充分发挥。

图 01 嘉荫县向阳乡林业站站房及交通工具
图 02 黑河市爱辉区西岗子林业站站房
图 03 嘉荫县红光乡林业站站房
图 04 林口县奎山林业站站房
图 05 牡丹江市桦林林业站站房

图 06　绥棱县四海店镇林业站档案建设
图 07　嘉荫县红光乡林业站外业工作现场
图 08　延寿县中和镇林业站奖励证书
图 09　牡丹江市桦林林业站职工外业工作现场
图 10　林口县奎山林业站防火指挥室
图 11　延寿县延河镇林业站办公室

上海市

截至 2016 年年底，上海市除利用国家投资建设的标准站 4 个外，市林业总站还自 2015 年开始，每年设立专项资金 90 万，用于创建市级标准站建设，已建成市级标准站 27 个。

开展标准站建设以来，很多区县理顺了林业站体制机制，有的区编制部门为乡镇林业站单独发文，确立乡镇林业站的法定地位，并且要求配备不少于 3 名工作人员。规范工作制度、明确岗位和职责，制度和图表都上墙公示；办公环境重新布局装修；统一规范林业工作站站徽；添置林业工作设施装备。

为做好标准站建设，上海市林业主管部门编写了《上海市标准化乡镇林业站建设项目实施方案》和《上海市标准化乡镇林业站建设项目验收方案》，对建设目标、建设要求、人员配备、站容站貌、装备设施、内部管理和制度、职能发挥和精神文明建设等方面作了具体要求。市林业总站还抽调专门人员负责协调指导工作，规范物资采购程序，加强资金使用监管，确保标准站建设规范开展。通过建设，改善了林业技术人员的工作环境和条件，提升了林业站条线的形象，凸显了林业工作的重要地位。同时，各林业站加强林业有害生物监测点、林业养护社等建设，进一步提升了乡镇林业综合服务能力。

图 01 浦东新区书院镇林业站站房
图 02 嘉定区安亭镇林业站管理制度
图 03 青浦区华新林业站对绿化苗木整形

图 04 浦东新区书院镇林业站服务大厅一隅
图 05 嘉定区安亭镇林业站高射程喷雾防治林木病虫害
图 06 浦东新区书院镇林业站会议室
图 07 嘉定区安亭镇林业站市级应急响应
图 08 嘉定区安亭镇林业站太阳能杀虫灯
图 09 嘉定区安亭镇林业站站房

江苏省

江苏省现有林业站 223 个，截至 2016 年年底，建成标准站 22 个。

开展标准站建设，一是改善了林业站基础设施和办公条件，所有标准站都配备了现代化办公设备，部分站利用建设资金添置了业务器械及交通工具，保障了林业站工作的正常开展。二是规范了制度建设和站务管理，提高了工作效率。建立健全了林业站工作职责、站长岗位职责、年度目标管理责任制等相关管理制度，并制定了相应的绩效考核方案，形成了长效机制。三是简化了办事程序，提升了服务水平。制作了办事流程单，推行了首问责任制、AB 岗制、一次性告知制、限时办结制等服务机制，接受社会群众监督。四是巩固了基层林业机构和技术力量，提升了服务能力。

各地林业主管部门积极与编制等部门沟通，争取恢复或者加挂"林业工作站"牌子，其中沭阳县、泗洪县、扬州市江都区、淮安市淮安区等实现了在全县（区）范围内加挂牌子；林业站中级以上技术职称、本科及以上学历的工作人员逐年递增。

图 01 扬州市江都区仙女镇林业站站房及院内绿化
图 02 泗阳县众兴镇林业站用飞机打药除虫
图 03 扬州市江都区仙女镇林业站站貌
图 04 泗阳县众兴镇林业站现场技术培训
图 05 泗阳县众兴镇林业站对树木疏枝

01

03

02

04

05

浙江省

浙江省现有 98 个垂直管理的乡镇林业站，由于大部分林业站办公、生活用房建设年代久远，基础设施落后，已经满足不了服务林农的需求。2009 以来，全省共建成标准站 13 个，总投资 836.9 万元。项目经费主要用于危旧房改造装修、办公设备及职工生活设施购置、图表上墙等。

通过标准站建设，林业站办公环境得到了美化、亮化，办公软、硬件设施更加完善，提升了林业站服务"三农"水平。职工生活条件也得到了改善，广大基层林业职工能安心基层，及时服务林农。

图 01 龙泉市锦溪镇林业站站房
图 02 龙泉市屏南镇林业站站房
图 03 庆元县举水林业站站房
图 04 遂昌县金竹镇林业站站房

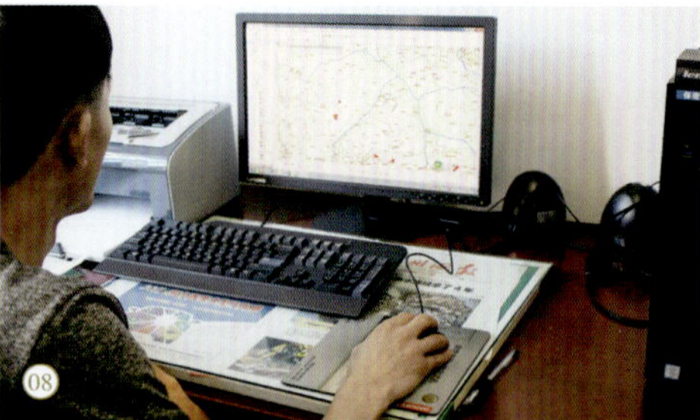

图 05 龙泉市屏南镇林业站开展森林防火集训
图 06 龙泉市屏南镇林业站上门向群众发放林业法律方针政策宣传材料
图 07 龙泉市屏南镇林业站现场培训林业技术
图 08 遂昌县金竹镇林业站森林资源计算机化管理
图 09 龙泉市屏南镇林业站开展森林资源野外调查
图 10 龙泉市锦溪镇林业站党员活动室
图 11 龙泉市锦溪镇林业站工作人员为林农办理采伐证

安徽省

安徽省共有 817 个乡镇林业站。截至 2016 年年底，已建成标准站 45 个。通过建设，林业站队伍得到充实提高，基础设施大为改善，管理水平明显提高，服务能力显著增强，职能作用充分发挥，林业站形象及地位焕然一新，为全省顺利完成“千万亩森林增长工程”各项任务做出了积极贡献。

安徽省的标准站建设，一是选准项目单位，加强领导。二是严把标准站建设实施方案审批关。三是落实建设资金，加大经费投入。四是加强管理，提高服务能力。五是强化督查与自查，保证建设成效。

图 01 潜山县官庄镇林业站科研仪器
图 02 黄山市黄山区仙源中心林业站服务大厅
图 03 太湖县城西乡林业站站房
图 04 潜山县官庄镇林业站外景鸟瞰
图 05 青阳县陵阳镇林业站站房

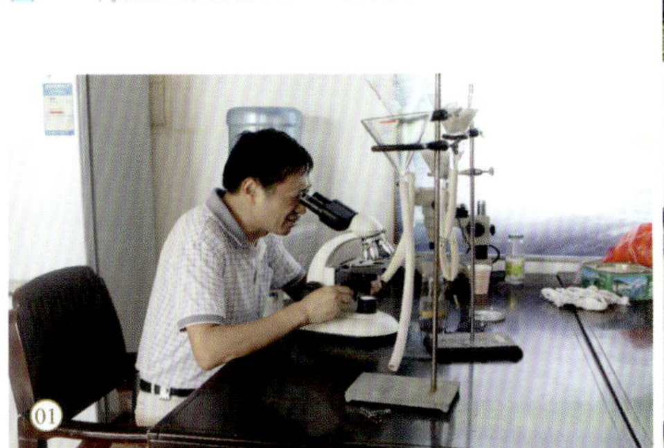

图 06 黄山市黄山区仙源中心林业站开展采伐作业设计调查
图 07 滁州市南谯区施集林业站开展有害生物防治
图 08 青阳县陵阳镇林业站工作人员进行资源调查
图 09 潜山县官庄镇林业站指导公益林抚育间伐
图 10 青阳县陵阳镇林业站开展松毛虫药物防治
图 11 青阳县陵阳镇林业站技术人员在悬挂松褐天牛诱捕器
图 12 潜山县官庄镇林业站森林抚育施工后的杉木林

福建省

福建省现有林业站 919 个，占乡（镇）总数的 95%，在岗职工 3500 多人。近年来，福建省按照深入实施生态省战略和国家生态文明试验区建设的要求，不断加强林业站基础建设、能力建设和队伍建设。到 2016 年年底，全省已建成标准站 59 个。

一是高位推动。2016 年 9 月，省政府办公厅《关于进一步加强乡镇林业工作站建设的意见》从机构编制、工资经费、基础建设、人才队伍管理和培养培训机制以及保障措施等方面，对进一步加强林业站建设进行了部署。

二是项目带动。"十二五" 以来，福建省重点抓好中央投资标准站和省财政林业站服务能力建设项目，着重加大林业站 "信息化" "数字化" 建设，通过政务网络系统，把 "数字林业" 延伸到林业站，提高林业站为林农服务的能力和效率。

三是加大投入。省政财每年投入林业站建设资金达 930 万元。2017 年省发改委发文明确再投入 4800 万元资金，建设 60 个标准站。

四是提升素质。省林业厅负责林业站站长和主要岗位技术骨干的培训，市、县林业局负责林业站其他工作人员的培训工作，极大提升了林业站队伍素质。

图 01 沙县青州林业站站房
图 02 武夷山市五夫林业站站房
图 03 上杭县古田林业站站房
图 04 武夷山市洋庄林业站站房

图 05 沙县青州林业站的办事“告知单”
图 06 武夷山市洋庄林业站宣传栏
图 07 沙县青州林业站防火设备
图 08 武夷山市洋庄林业站制度
图 09 上杭县古田林业站便民服务窗口
图 10 沙县青州林业站服务大厅
图 11 沙县青州林业站森林资源信息化管理

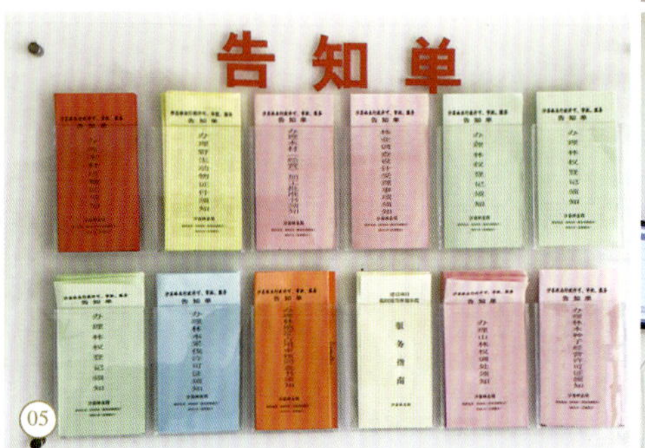

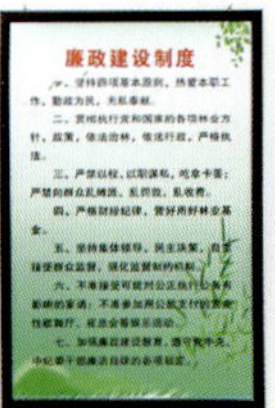

图 12 南平市建阳区童游林业站规范管理的档案资料
图 13 武夷山市五夫林业站指导建设的花卉基地
图 14 沙县青州林业站护林巡山
图 15 云霄县陈岱林业站森林资源管理获省林业厅表彰奖励
图 16 武夷山市洋庄林业站现场执法记录仪
图 17 沙县青州林业站院内绿化
图 18 永安市上坪林业站定期组织职工学习业务

江西省

截至 2016 年年底，江西省共建成国家标准站 42 个。江西省始终把标准站建设作为推进全省林业站建设发展的第一抓手，大力实施“项目兴站”战略。加强组织领导，明确责任机制，细化量化工作任务，明确职责，为项目实施提供组织保障。对标准站建设进行规范管理。制定并下发了《全省标准化林业工作站检查验收办法（试行）》，并先后在泰和县、德安县召开全省林业站建设现场会，宣传林业站建设先进经验。加大省级资金投入，省级补助资金每年为 600 万元，另外，省财政每年从公益林补偿资金中支出 1500 万元作为乡镇林业站经费。截至目前，全省累计新建、改建站房 420 处，新增站房面积 18.8 万平方米，基本达到了站容站貌美化、办公手段自动化、站务管理规范化、社会服务多样化的建设要求。国家标准化建设林业站项目的实施，为全省林业站建设树立了典型和样板，起到了“四两拨千斤”和以点带面的示范、辐射作用，提升了林业站的社会地位，促进了全省林业站持续快速发展。

图 01 遂川县汤湖林业站站房
图 02 浮梁县峙滩林业站站房
图 03 遂川县禾源林业站站房

图 04　靖安县宝峰林业站站房
图 05　泰和县禾市林业站庭院绿化
图 06　遂川县禾源林业站办公环境
图 07　永丰县沿陂林业站交通工具
图 08　崇义县聂都林业站器材室
图 09　崇义县聂都林业站工作设备

图 10 德安县聂桥林业站林业知识宣传栏
图 11 峡江县水边林业站开展森林火灾定损
图 12 靖安县宝峰林业站服务窗口
图 13 峡江县水边林业站职工在进行外业调查
图 14 南丰县三溪林业站管护的森林

⑩

⑫

⑪

⑬

⑭

山东省

山东省自实施标准站建设以来，共建成标准站12个，在站房、办公设备等基础设施建设和队伍建设方面都取得了明显成效。

一是硬件设施明显改善。站房得以新建或维修改造，配备必要的电脑、打印机等办公设备以及交通工具、培训设施和相关工作器械，为造林绿化、防火以及便民服务提供了保障。

二是标准站建设不断规范。林业站站徽、站牌醒目，岗位责任制、目标管理责任制、廉政建设等制度以及有关图表等上墙。站容站貌和工作规范较过去发生了较大变化。

三是队伍建设明显加强。一定程度改变了基层林业站缺人、少技术的旧貌。

四是服务模式不断创新。推行林业站与林农群众的联系沟通"一站式""全程代理"等便民服务模式，简化了办事程序，提高了办事效率，提升了服务质量。

图01 济南市章丘区垛庄镇林业站担架式打药机
图02 济南市章丘区垛庄镇林业站站房
图03 威海市文登区大水泊镇林业站扑救林火，消除隐患
图04 威海市文登区大水泊镇林业站院门

河南省

截至 2016 年年底，河南省共建成标准站 47 个，中央财政累计投入 940 万元，地方投入 1732 余万元。新（改、扩）建办公用房 13758 平方米，均实现了独院办公，做到了站容整洁美观、庭院美化；购置汽车、摩托车等机动交通工具 34 辆，配备通讯设备 118 部，配备办公用品 402 台（套），配备工作器械 311 件（套），设施条件和工作手段均较项目实施前有了明显改善。在编人员 85% 以上为专业技术人员，80% 以上达到大专以上文化程度，年龄结构合理，知识结构优化，人员工资待遇全部纳入县或乡级财政统管。标准站健全了各项规章制度，完善了业务图表和站务公开，加挂了站徽站标，实行了档案的计算机化管理，做到了内设机构健全、站牌悬挂醒目、资料分类齐全、管理规范有序。

通过项目实施，标准站建设和管理水平明显提升，服务能力显著增强，工作作风明显转变，服务更加便民高效，职能作用充分发挥，已成为全省林业发展和生态建设不可或缺的中坚力量，受到了人民群众的广泛好评。

图 01 桐柏县月河镇林业站站房
图 02 西峡县丹水镇林业站制度
图 03 栾川县栾川林业站站房

图 04 柘城县李原乡林业站办公用房及交通工具
图 05 西峡县丹水镇林业站对果木修枝进行技术指导
图 06 嵩县白河林业站开展林木嫁接操作培训
图 07 栾川县栾川林业站指导林农嫁接苗木
图 08 柘城县李原乡林业站人员进行病虫害防治
图 09 栾川县栾川林业站对林农进行技术培训
图 10 桐柏县月河镇林业站向林农发放技术资料

湖北省

截至 2016 年年底，湖北省已建成标准站 73 个。新建或维修业务用房，添置交通工具、办公设备、工作器械，明显改善了林业站的生产生活条件；建立健全岗位责任制、目标责任制、廉政建设、站务公开等规章制度，进一步规范了林业站履职尽责的程序和要求；加强职业技能培训，着力提升队伍素质，探索创新以"全程代理""信息服务""科技服务"为代表的为民服务模式，增强了林业站服务林农、林企的手段和能力。

湖北省标准站建设始终瞄准国家林业局确定的"稳机构、打基础、强管理、提素质、抓服务"总目标，紧紧围绕湖北省委提出的"生态立省、绿满荆楚"总要求，在大力提升标准站自身管理与服务能力的同时，示范带动全省林业站系统在机构建设方面下大力，新增 42 个林业站，实现了林业站在乡镇的全覆盖；在基础设施建设方面使大劲，新建和维修林业站业务用房 9 万多平方米；在更好发挥职能作用方面迈大步，保障了各项林业工程落实到山头地块，促进了各项林业工作的顺利实施，成效十分明显。

图 01 当阳市王店林业站站房
图 02 神农架林区宋洛林业站站房
图 03 五峰土家族自治县渔洋关林业站站房
图 04 罗田县白庙河镇林业站站房

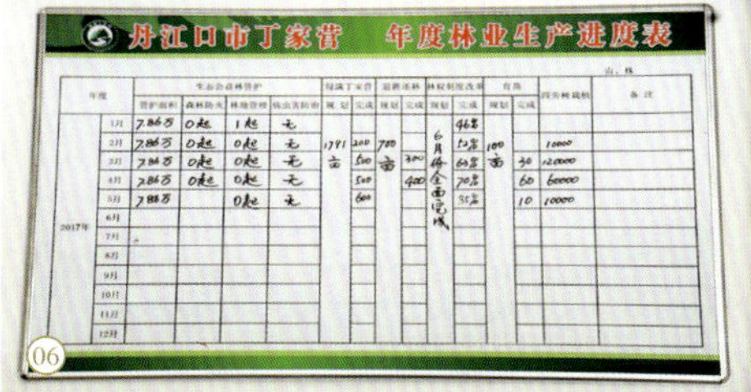

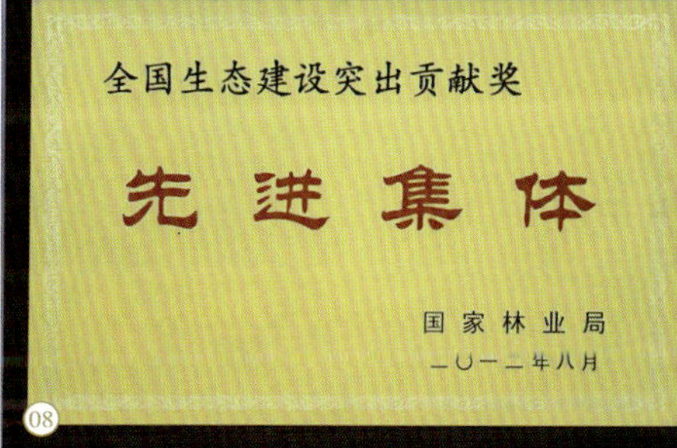

全国生态建设突出贡献奖

先进集体

国家林业局

二〇一二年八月

恩施市屯堡乡林业基本情况统计表

屯堡林业管理站　　　　单位：亩

单位名称	总计	有林地					灌木林地	疏林地	未成林地	天然林	人工林	苗圃地	国家级公益林	用材林	退耕还林
		小计	乔木林纯林	乔木林混交林	矮化乔木林	竹林									
马者	27122.3	15878.7	1765.4	13901.4		212.0	10320.0	0.0	265.4	24698.7	1765.4		17465.9	8998.2	658.2
杨家山	26363.9	19746.6	5111.7	14626.9		8.1	4047.2	10.7	1111.7	19804.4	5111.7		21594.6	3321.5	1447.8
鸭松溪	12541.5	9820.7	392.9	9400.5		27.3	1647.3	0.0	392.9	11468.0	392.9		6791.7	5069.1	680.7
大树垭	21396.5	13312.1	2757.6	10554.5		0.0	4902.2	0.0	2757.6	18214.2	2757.6		11215.1	9756.7	424.7
新街	10135.0	7145.6	527.4	6610.1		8.1	965.1	0.0	527.4	8110.7	527.4		6740.8	1897.3	1496.9
车坝	17891.3	9194.4	1573.6	7369.3		251.6	5619.6	0.0	573.6	13814.0	1573.6		9637.5	5750.1	2503.7
花枝山	8647.9	7223.1	2595.3	4619.6		8.3	720.2	0.0	95.3	5443.3	2595.3		7118.6	919.9	609.4
坎家	12706.1	10227.3	158.0	10045.8		23.6	1386.3	295.7	158.0	11959.4	158.0		12117.3		588.8
罗针田	34596.1	21838.1	4141.2	17696.9		0.0	8948.4	0.0	1141.2	27786.5	4141.2	127.5	10243.9	21683.8	2668.4
黄草坡	13695.4	10504.7	1098.3	9406.4		0.0	2912.6	0.0	98.3	12417.3	1098.3		10865.1	2650.4	179.9
田凤坪	24590.7	12381.5	3571.6	8781.1		28.8	6886.2	42.3	3071.6	18810.1	3571.6		13939.2	8442.4	2209.1
鸦丘坪	24274.8	11842.8	2863.7	8979.2		0.0	9172.5	4.4	2863.7	21019.8	2863.7		9893.3	13990.1	391.4
双龙	42865.1	25217.4	5449.0	19730.4		38.1	14656.4	280.8	449.0	35154.7	5449.0		8028.6	32575.0	2261.5
屯堡居委会	6367.4	4993.4	3270.3	1649.3		73.8	605.0	0.0	270.3	2598.4	3270.3		1409.3	4459.4	498.7

图 05　武汉市黄陂区姚家集林业站工作器械
图 06　丹江口市丁家营林业站林业生产进度表
图 07　十堰市郧阳区城关林业站为林农〝一站式全程代理〞服务
图 08　恩施市屯堡林业站获全国生态建设突出贡献奖先进集体
图 09　麻城市龟峰山林业站院门两旁政策宣传标语及宣传牌一览
图 10　恩施市屯堡林业站林业基本情况表
图 11　神农架林区木鱼林业站规范的档案管理
图 12　咸宁市咸安区官埠桥林业站技术人员安装全自动太阳能杀虫灯

图 13 咸宁市咸安区官埠桥林业站在窑咀村建的猕猴桃基地

图 14 丹江口市丁家营林业站职工指导群众挖窝植树

图 15 当阳市王店林业站安装的松材线虫病天牛诱捕器

图 16 当阳市王店林业站石榴基地建设

图 17 神农架林区木鱼林业站指导建设的桫椤茶叶混交林基地

图 18 咸宁市咸安区官埠桥林业站森林防火宣传进校园

图 19 京山县三阳林业站请省林业厅专家对林农进行技术培训

湖南省

截至 2016 年年底，湖南省共建成标准站 56 个。所有标准站都有独立的站房，站容站貌整洁；设立了专门的“一站式全程代理”服务大厅和场所，配备了现代化办公设备；开通了互联网，真正实现了林业资源和数据共享，实行了网上办证、网上传输文件，森林资源档案实行电子化管理，推广应用了林业测土配方系统，极大提高了办公效率和服务林农的水平。

在软件建设方面，一是标准站 80% 以上属于林业局垂直管理，人员工资全部纳入财政预算。二是建立健全了各类规章制度，规范了站务公开事项，统一标准制作图表上墙，做到管理规范、制度健全，满足了开展服务的需要。三是努力提升服务能力，实施“一站式全程代理”服务，工作人员实行首问负责制、限时办结制、服务承诺制。四是人员素质不断提高，站长持证上岗，全部通过“全国乡镇林业工作站站长能力测试”，自觉登陆“全国乡镇林业站岗位培训在线学习平台”学习，不断提高自身素质和履职能力。

图 01 浏阳市沿溪镇林业站站房
图 02 浏阳市葛家乡林业站站房
图 03 岳阳县中洲乡林业站站房

图 04 长沙县金井林业站小院
图 05 长沙县金井林业站办理事项流程图
图 06 长沙县金井林业站岗位承诺栏
图 07 长沙县金井林业站一站式服务大厅
图 08 浏阳市沿溪镇林业站档案室
图 09 浏阳市沿溪镇林业站岗位责任制牌

金井林业管理站“一站式、全程代理服务”事项流程图

林木采伐许可证核发(自用材)

木材运输证省内核发

林木种子生产经营许可证核发

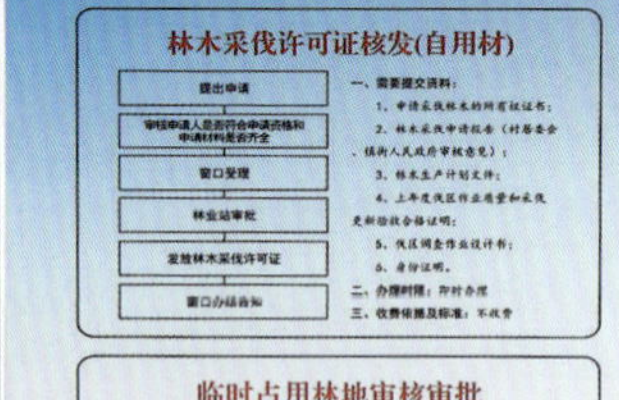

临时占用林地审核审批

林区设立木竹经营（加工）单位审批

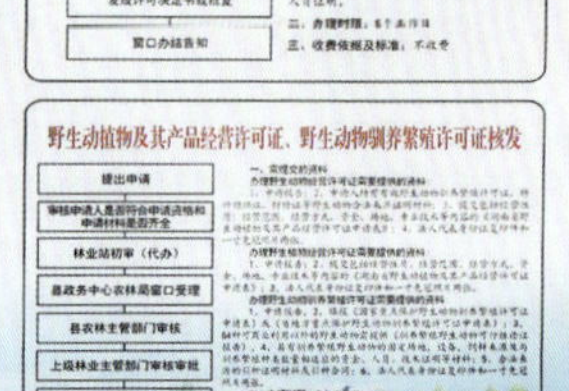

野生动植物及其产品经营许可证、野生动物驯养繁殖许可证核发

金井林业管理站工作人员岗位承诺公示栏

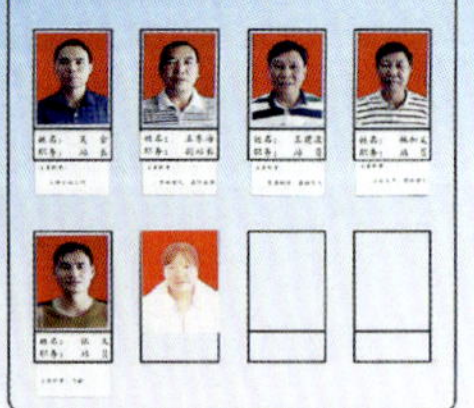

管 理 制 度

岗 位 职 责

廉 政 承 诺

遵纪守法，廉洁奉公，不以权谋私；公事公办，接受监督，不搞暗箱操作；遵守制度，优质服务，提高办事效率。

监 督 电 话

本 站：8620 1129 金井镇：8620 2158

县农林局：8401 0149

岗位责任制

姓名	职务	工作职责
徐松德	站长	负责林业站全面工作。
谢冬初	副站长	三年绿化专干。协助站长工作，负责资源管理、林地管理、竹林林场管理、规划设计、伐中监督验收，运输证办理，协助林改管理。
邱彩明	会计	负责办公室日常工作、木竹台帐管理和票证管理统计，竹林林场会计。
李先辉	出纳 财经联络员	负责站财经联络、资金管理、办公室日常值班和运输证办理，竹林林场出纳，退耕还林专干、协助林改。
肖远启	林政组长	负责林政管理、富岭检查站工作和封山育林，协助山林纠纷解调。
李华斌	林政管理员	负责林政管理和政务公开中心林业窗口工作，兼营林专干、油茶专干。
冯义保	林政管理员	负责林政管理、富岭检查站工作，兼森保专干、防火专干。
易桂初	林权专干	负责林权办证、山林纠纷调处，协助林政管理。

沿溪镇林业管理服务站

广东省

截至 2016 年年底，广东省建成标准站 25 个。主要做法如下：

一是高位推动。2016 年 9 月，省林业厅召开全省林业工作站工作会议，组织地级以上市局分管领导和重点县林业局长现场参观和经验交流，大力推动标准站建设。

二是加大投入。在省级林业发展及保护专项资金中设立林业工作站服务能力建设项目经费，落实省级配套资金 275 万元。

三是加强管理。建立“十三五”建设项目储备库，择优申报；及时下达经费分解文件和项目建设开展文件；开展全省项目巡查，跟进建设进度情况；按建设标准，各项目单位统一制作牌匾，规划、制度上墙，设立站务公开栏，庭院绿化美化，环境整洁美观。

四是强化职能。建设单位普遍设立服务平台，部分站强化庭院绿化特色，部分站会议室配备多媒体影视设备作为护林员培训场所，拓展培训服务职能，提升基层林业综合服务水平。

图 01 乳源瑶族自治县一六镇林业站站房
图 02 东源县上莞林业站办公楼一景
图 03 2016 年 9 月，全省林业站现场会议代表参观东源县船塘林业站
图 04 阳春市河朗林业站站房及交通工具

图 05 乳源瑶族自治县一六镇林业站服务大厅
图 06 颇具岭南风格的乳源瑶族自治县一六镇林业站庭院绿化
图 07 阳春市河朗林业站庭院
图 08 东源县顺天镇林业站重点监控森林资源
图 09 乳源瑶族自治县一六镇林业站站务公开栏

广西壮族自治区

自2009年国家林业局开展这项工作以来，广西壮族自治区围绕“管理规范、设施完善、队伍精干、办事高效、保障有力”建设总目标，全力实施林业站基础设施建设大会战，全面推进林业站制度化建设，积极开展一站式服务和全程代理。全区先后投入建设资金1.6亿元（其中，中央预算内补助0.22亿元），基本解决了基层林业站缺乏独立办公场所问题，先后建成全国标准站87个。在标准站建设中坚持“四统一”，即启动时统一培训；方案制定统一要求；建设实施统一指导；项目竣工统一验收。

2015年以来，广西壮族自治区采取标准化建设和一站式、全程代理服务相结合“整县推进”方式，先后建设了“一站式、全程代理”服务窗口72个，覆盖了8个县（市、区）所有乡镇。

图01 环江毛南族自治县洛阳镇林业站站容站貌
图02 百色市右江区阳圩镇林业站站容站貌
图03 鹿寨县黄冕乡林业站站房
图04 龙胜各族自治县龙脊镇林业站站房

图 05 环江毛南族自治县洛阳镇林业站部分科技推广设备
图 06 百色市右江区阳圩镇林业站 LED 屏政务公开及摩托车
图 07 龙胜各族自治县龙脊镇林业站办公场所及制度上墙
图 08 百色市右江区阳圩镇林业站办公场所
图 09 鹿寨县黄冕乡林业站防火装备库
图 10 龙胜各族自治县龙脊镇林业站设备房

岗位责任制

一、营林员职责

1、宣传贯彻国家有关造林、营林的方针、政策，负责指导辖区的育苗、植树造林、退耕还林、封山育林、森林抚育、森林病虫害防治等工作。

2、参与制定并组织实施造林、营林的长远规划和年度计划。

3、负责组织指导造林、抚育实施。配合上级林业主管部门进行造林检查验收及伐区验收，及时上报各项生产完成情况，建立生产档案。

4、总结、推广造林和营林工作的新技术、新经验、新成果，开展技术咨询和技术服务。

5、及时向站长、上级主管部门、当地政府汇报工作，接受领导和指导。

二、林政资源管理员职责

1、宣传和贯彻执行国家有关林政、资源管理各项方针、政策、法规，负责本辖区林政和资源管理工作。

2、协助地方政府健全护林队伍，制定护林公约，搞好护林工作，配合有关部门查处乱砍滥伐林木及其它林政案件，调处林地、林权纠纷。

3、参与制定并组织实施本辖区林业发展规划和森林经营方案。协助上级主管部门进行森林资源调查，负责本辖区森林资源统计、档案管理，监测森林资源消长变化，及时进行森林资源数据更新。

4、负责伐区、生态公益林监管工作，完成生态公益补助金的兑现、政策性森林保险任务。

5、及时向站长、上级主管部门、当地政府汇报工作，接受领导和指导。

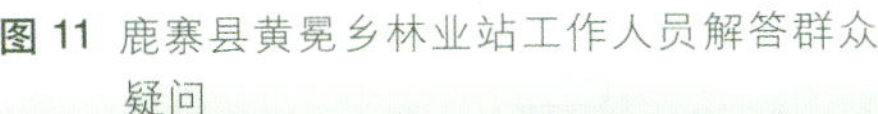

图 11　鹿寨县黄冕乡林业站工作人员解答群众疑问

图 12　鹿寨县黄冕乡林业站为林农开展一站式服务

图 13　鹿寨县黄冕乡林业站办公场所

图 14　武鸣县罗波镇林业站岗位责任制

图 15　环江毛南族自治县洛阳镇林业站管理员正在整理档案

图 16　广西壮族自治区林业工作总站对苍梧县六堡镇林业站的标准化建设项目进行验收

图 17　横县石塘镇林业站技术员指导群众林下种植草珊瑚技术

图 18　百色市右江区阳圩镇林业站工作人员指导群众操作使用触摸屏查询林业政策和办事流程

图 19　环江毛南族自治县洛阳镇林业站工作人员走访生态护林员管护情况

图 20　苍梧县梨埠镇林业站对林农开展产业扶贫培训

图 21　林业站工作人员检查“生态乡村、美丽广西”村屯绿化工程完成情况

重庆市

截至 2016 年年底，重庆市共建成标准站 31 个。另有市级财政投资 1000 万元，开展林业站建设。

主要成效：一是推进了独立林业站建设步伐，至 2016 年年底全市独立林业站数增至 297 个。二是加快了市级财政投资林业站建设速度。2014 年前市级财政几乎没有投资林业站建设资金，2015 年市级财政投资 200 万元开展林业站建设项目 12 个，2016 年市级财政投资 800 万元建设 50 个站。三是改善了乡镇林业工作站基础设施。新建、维修办公用房站数 50 余个，有交通工具站数 146 个，有通讯设备站数 225 个，有计算机站数 255 个。四是提高了林业站管理服务能力。近年来全市工程造林、封山育林、育苗、抚育、病虫害防治、行政执法、林权纠纷调解、林政案件受理、指导扶持林业经济合作组织、培训林农、科技推广等工作均呈逐年增加趋势。

图 01 武隆区双河镇林业站组织义务植树
图 02 涪陵区李渡街道林业站森林防火检查
图 03 涪陵区李渡街道林业站资源信息化管理
图 04 武隆区双河镇林业站召开林地保护工作会

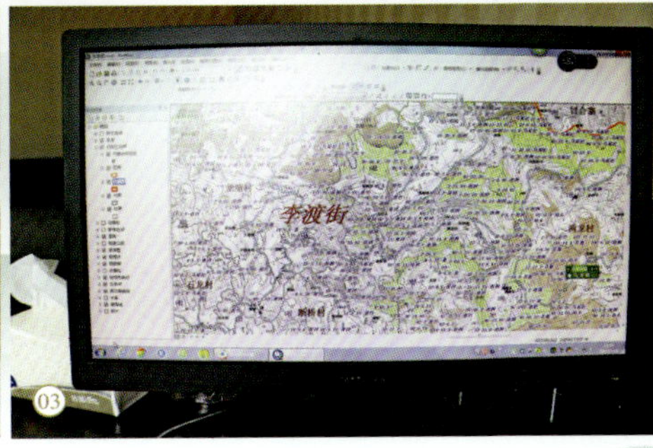

图 05 武隆区双河镇林业站开展护林防火宣传

图 06 武隆区双河镇林业站人员现场调解林权纠纷

图 07 武隆区双河镇林业站指导发展的桂花苗圃基地

图 08 武隆区双河镇林业站指导的第一轮退耕还林工程林木长势喜人

图 09 武隆区双河镇林业站职工查处滥伐林木案件

图 10 武隆区双河镇林业站指导的退耕还林成效明显

图 11 武隆区双河镇林业站工作人员查处非法开垦林地案件

图 12 涪陵区李渡街道林业站现场讲解油茶抚育管护技术

四川省

截至 2016 年年底，四川省共建成标准站 44 个，其中 90% 为垂直管理，10% 为双重管理。新建业务用房共 4000 余平方米，维修业务用房 7000 余平方米；配置电脑 200 台，打印机 40 余台，办公桌椅 200 余套，档案柜 100 余组，病虫害防治设备 500 余套，制度、图表、标示标牌 400 余块。

四川省通过以下措施强力推进标准站建设：一是实行项目申报制，严格选择符合建设条件的林业站实施项目。二是开展项目实施培训，让相关人员掌握建设内容、建设目标。三是加强实地督导，深入建设现场开展指导。四是每月统计进度，督促建设滞后地区加快建设进度。五是严格推行国家标准站建设标准。

通过建设，标准站实现了站容站貌整洁美观，站徽站牌醒目清晰，业务设备现代齐全，档案管理规范有序，人员配备到位并具备较强业务技能，实行了站务公开；全面改善了林业站服务手段，激发了职工工作热情，林业站职能作用得到有效发挥。

图 01 南江县长赤林业站器材室
图 02 筠连县大雪山片区林业站站房
图 03 南江县长赤林业站站房
图 04 古蔺县黄荆林业站开展护林防火宣传和巡逻

《林木采伐（集）许可》一次性告知书

《木材运输许可》一次性告知书

《林权证核发》一次性告知书

建设项目使用林地审核审批管理办法（摘录）

图 05 仁寿县彰加镇林业站组织林农开展核桃修枝整形和嫁接名优品种

图 06 平昌县大寨乡林业站技术人员为村民讲解核桃田间管理技术

图 07 叙永县水尾林业站组织农民开展林下种植食用菌培训

图 08 长宁县双河林业站组织竹农开展苦竹丰产栽培技术培训

图 09 筠连县大雪山片区林业站有关制度

贵州省

贵州省共有 1300 个乡镇林业站，2014 年以来，贵州省按照《乡镇林业工作站工程建设标准》《标准化林业工作站建设检查验收办法（试行）》等相关规定，严格选择机构健全、人员素质强、管理规范、能够有效履职、具有示范带动作用的乡镇林业站，稳步推进标准站建设。建设资金除中央投入外，省级财政每年稳步投入 260 万元专项配套经费。截至 2016 年年底，全省已建成 21 个标准站。

通过标准站建设，面貌焕然一新，站房整洁美观，设施设备齐全，规章制度完善，组织管理规范，人员素质普遍提高，能更好履行林业站职能作用，并对其他林业站起到了积极的示范带头作用，特别是在服务新时期贵州大生态、大扶贫、大数据战略中，积极作为，奋力拼搏，为全省生态文明建设作出了应有的贡献。

图 01 从江县庆云镇林业站站房
图 02 湄潭县茅坪镇林业站防火器械库
图 03 沿河县晓景乡林业站开展生态护林员培训
图 04 罗甸县沫阳镇林业站技术人员正在进行资源调查
图 05 修文县谷堡镇林业站森林资源调查数字化建设

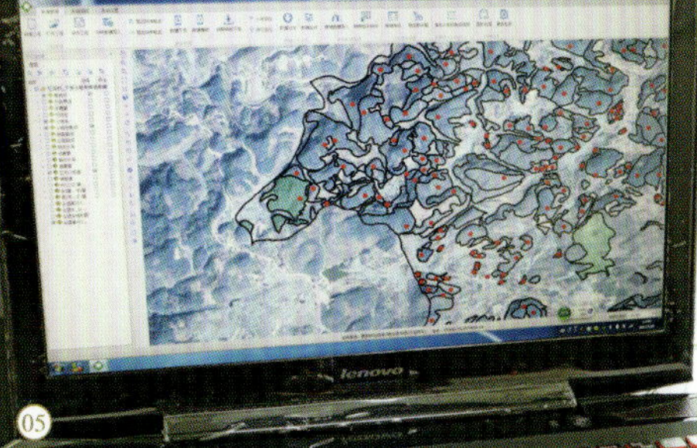

云南省

云南省共设置乡镇林业站1361个，占总乡镇数的98.5%。2009年以来，云南省林业厅高度重视标准站建设工作，按照“四注重”的思路着力推进标准站建设。一是注重规划。立足“建设标准化、管理规范化、服务优质化”的原则，省林业厅编制实施《云南省乡镇林业站建设规划（2014—2018年）》，多渠道筹集资金，加强林业站基础设施建设。二是注重投入。2010—2016年省级财政稳定投入专项资金4450万元，加强林业站基础设施建设。截至2016年，建成国家标准站57个。三是注重培训。建立实行长效化、全覆盖的分级培训机制，100%完成全员岗位培训。四是注重考评。把林业站尽责履职、完成重点工作任务与工作绩效等情况列为县级人民政府保护发展森林资源目标管理责任制检查考核内容，倒逼责任、人员、经费、管理、监督、服务、宣传等工作落实，充分发挥林业站的职能作用。通过标准站建设，设施设备强化，工作条件改善，软、硬实力与管理服务水平都有了明显提高，在森林云南建设、推动绿色发展、争当全国家生态文明建设排头兵的进程中发挥了不可替代的重要作用。

图01 芒市芒海林业站站房
图02 保山市隆阳区瓦窑镇林业站站房
图03 保山市隆阳区金鸡乡林业站站房

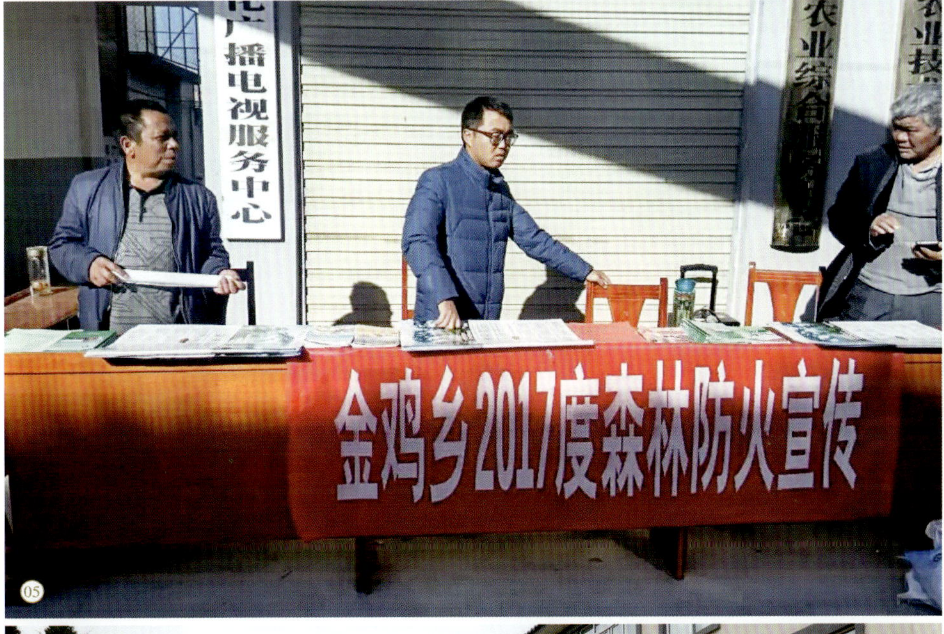

图 04 保山市隆阳区金鸡乡林业站物资贮藏

图 05 保山市隆阳区金鸡乡林业站开展森林防火宣传

图 06 保山市隆阳区金鸡乡林业站院门

图 07 保山市隆阳区金鸡乡林业站职工处置森林火警

图 08 腾冲市曲石林业站宽敞明亮的办公室

图 09　保山市隆阳区金鸡乡林业站抗旱保苗
图 10　腾冲市曲石林业站整治违规木材加工
图 11　腾冲市曲石林业站开展森林抚育培训
图 12　保山市隆阳区金鸡乡林业站开展技术培训
图 13　腾冲市曲石林业站向林农推广核桃提质增效技术

陕西省

2009 年以来，陕西省林业厅按照“建设标准化、管理规范化、服务体系化”要求，深入贯彻落实科学发展观，狠抓基础设施建设，稳定和加强队伍建设，强化职能作用，林业站能力建设显著增强。

陕西省现有乡镇林业站 797 个。截至 2016 年年底，该省已建成标准站 33 个。完成投资 670.29 万元，其中：国家投资为 460 万元，地方配套为 181.16 万元，其他投资 29.13 万元。完成站房新建及修缮、庭院建设 16.2 万平方米，购置各类办公设备 624 台（套、部），制作各类表框 825 个及其他器具 3960 余件，标准站建设严格按照国家基本建设项目管理程序和技术标准以及《基层林业工作站建设中央预算内投资计划管理办法（试行）》执行，项目实行法人制、招投标制，较好地发挥了标准站建设的作用。

图 01 淳化县官庄镇林业站站房
图 02 洛川县石头林业站站房
图 03 蓝田县辋川林业站站房

图 04 蓝田县辋川林业站管理制度、奖牌
图 05 洛川县石头林业站党支部会议室
图 06 蓝田县辋川林业站院内文化墙
图 07 洛川县石头林业站岗位监督栏
图 08 淳化县官庄镇林业站岗位监督台
图 09 洛川县石头林业站防火物资库
图 10 洛川县石头林业站档案管理规范

甘肃省

甘肃省现有乡镇林业工作站714个。2009—2016年年底，全省建成标准站46个。通过项目的实施，新建或维修业务用房，配置办公设备、工作器械，购置交通工具，改善了基层林业站的办公条件和生活环境；建立健全岗位责任制、目标责任制、廉政建设制度、站务公开制度等规章制度，进一步规范了基层林业站工作制度；梳理办事内容，公开办事流程，实现上墙上网，探索创新"全程式"服务模式，全方位发挥六大职能作用，增强了基层林业站服务林农的手段和能力；高层次、全方位、多渠道宣传林业站建设成果，提升了基层林业站社会认知度和地位。

甘肃省林业站建设坚持面向基层、服务基层，立足本职，围绕中心，开拓创新，扎实推进。一方面，在加快标准站建设的同时，示范带动金塔、会宁、靖远等县通过政府、编制部门重新核定基层林业站机构和编制，为发挥林业站职能奠定了基础。另一方面，通过开展"全程式"服务活动，巩固了标准站建设成果，加强了基础设施建设、人才队伍建设、管理制度建设，保障职能作用正常高效发挥。

图01 天水市秦州区天水林业站站房
图02 靖远县东湾林业站小院
图03 靖远县东湾林业站办公设备
图04 民乐县开发区林业站巡护交通工具
图05 省市县乡林业站站长观摩天水市秦州区皂郊林业站建设
图06 成县小川林业站站房

图 07 天水市秦州区皂郊林业站站务公开栏
图 08 金塔县中东林业站开展森林扑火演练
图 09 金塔县中东林业站开展防虫喷药
图 10 民乐县开发区林业站开展病虫害防治工作
图 11 金塔县中东林业站专业技术人员指导科技示范户
图 12 天水市秦州区皂郊林业站配合林政执法
图 13 天水市秦州区皂郊林业站植树造林现场

青海省

青海省现有乡镇林业站 263 个，职工 536 人。截至 2016 年年底，中央和青海省财政共投入标准站建设资金 2147 万元（其中：中央预算内投资 1457 万元，省级财政投入 690 万元），建成标准站 36 个。

该省标准站建设实行一县一方案，严格按照“层级上报，实地查看，择优评定，方案审核”的原则，使标准站建设工作得到有效落实。需改（扩）建和修缮的林业站，根据各站的实际需求，各县整合资金，尽可能多地建设和维修林业站。项目实施过程中，省、市（州）根据实施进度开展不定期的检查、指导、督促、跟踪监管，确保标准化林业站项目建设质量，使每个林业站均能达到标准站的各项条件，有效促进乡镇林业站职能的发挥。

图 01 大通回族土族自治县朔北乡林业站站房
图 02 湟中县田家寨林业站巡护交通工具
图 03 湟中县田家寨林业站站房
图 04 大通回族土族自治县良教乡林业站档案室
图 05 大通回族土族自治县新庄镇林业站会议室
图 06 大通回族土族自治县新庄镇林业站开展林地药物防治

01

03

04

02

05

06

图 07 大通回族土族自治县朔北乡林业站接待办事群众

图 08 大通回族土族自治县新庄镇林业站干部对各村护林员宣讲林业政策

图 09 湟中县田家寨林业站员工填写巡山记录

图 10 大通回族土族自治县朔北乡林业站扶持的当归种植基地

图 11 大通回族土族自治县朔北乡林业站打造的森林生态旅游观光项目

图 12 西宁市南山火烧沟造林植树成效

宁夏回族自治区

宁夏回族自治区现有乡镇林业站 110 个。截至 2016 年年底，全区共建成全国标准站 29 个。

宁夏严格标准站建设要求，围绕机构队伍稳定化、管理体制顺畅化、基础设施现代化、人才发展科学化、示范效益最大化的建设目标，通过新建或维修办公用房、购置办公设备、工作器械改善基础设施，为标准站提供硬件保障；通过完善各项规章制度、业务图表、围绕六大职能开展工作、完善资料归档、强化站员培训与技术服务等方式提升林业站履职尽责能力和业务水平，促进标准站软件建设，自治区县、乡镇两级在土地使用、站房建设、资金配套、人员配备等方面加大配套力度，地方配套资金逐年增加，标准站建设水平逐年提高，推进了全区乡镇林业站整体能力的提升。"十二五"期间，每年培训林业站人员和护林员 2500 人次左右，培训林农超过 6 万人次。同时组织编制了《宁夏乡镇林业工作站"十三五"建设规划》，最大限度地保留乡镇林业站，充分发挥职能作用，促进生态文明建设和美丽宁夏建设。

图 01 固原市原州区中河林业站站房
图 02 吴忠市利通区金积镇林业站森林防火器材
图 03 固原市原州区中河林业站禁牧封育交通工具
图 04 固原市原州区中河林业站办公服务大厅
图 05 固原市原州区中河林业站办公设备及所获荣誉牌匾

图 06 永宁县北部林业站组织植树造林
图 07 吴忠市利通区金积镇林业站组织造林现场
图 08 固原市原州区中河林业站开展资源巡护
图 09 固原市原州区中河林业站开展果树修剪培训
图 10 固原市原州区中河林业站开展鼢鼠防治
图 11 永宁县北部林业站技术服务
图 12 固原市原州区中河林业站开展除草抚育工作
图 13 固原市原州区中河林业站指导群众栽植红梅杏
图 14 固原市原州区中河林业站指导建设的红梅杏基地

新疆维吾尔自治区

2010年，新疆自治区人民政府主席努尔·白克力亲自到林业厅调研林业站建设工作。随后，自治区启动林业站建设工程。林业厅按照每个站30万元的投资标准，为符合条件的乡镇林业站建设站房，所有站房统一设计、统一外观，且建筑面积至少达到298平方米。同时，开工建设的乡镇林业站必须理顺管理体制，由县（市）林业局统一管理，全面提高了乡镇林业站的工作效率和服务水平。

截至2016年年底，投资20460万元，完成了682个林业站站房建设工程，占乡镇林业站总数的90%。同时，完成国家级标准站152个。自治区林业厅依托国家林业局标准站建设项目，为林业站配备办公设施设备，使基层林业站的办公环境和干部职工的面貌焕然一新，有效提高了乡镇林业站的办公效率和服务水平。

图01 玛纳斯县兰州湾镇林业站站房
图02 昭苏县察汗乌苏乡林业站站房
图03 伊宁县莫洛托乎提于孜乡林业站站房
图04 昭苏县夏特乡林业站站房
图05 尉犁县古勒巴格乡林业站站房
图06 玛纳斯县兰州湾镇林业站交通工具

图 07 玛纳斯县兰州湾镇林业站组织职工学习业务
图 08 且末县琼库勒乡林业站进行技术指导
图 09 塔城市恰夏镇林业站档案室
图 10 且末县琼库勒乡林业站站房及绿化
图 11 玛纳斯县兰州湾镇林业站召开工作部署会议
图 12 塔城市恰夏镇林业站开展道路防护林病虫害防治
图 13 玛纳斯县兰州湾镇林业站开展林木病虫测报工作
图 14 塔城市恰夏镇林业站林权纠纷调处流程图
图 15 塔城市恰夏镇林业站职工厨房

新疆生产建设兵团

新疆生产建设兵团自2011年开始实施标准站建设。截至2016年年底，已建成31个国家标准站。为推动兵团标准站建设，在项目实施中，主要采取的措施：一是坚持自下而上申报原则，合理筛选实施单位。采取“团场申请、师审核、兵团筛选”的申报制度。二是强化组织领导，科学确定建设内容。各建设单位安排专人负责标准站建设工作，编制实施方案，严格按照兵团批复的方案建设。三是加强督促指导，注重项目监督管理。对方案编制、建设质量、完善内部管理等环节进行不定期的督促检查、指导。四是严格资金管理，确保投资成效。项目建设资金全部实行专户管理，做到专款专用，杜绝挤占、截留、挪用建设资金现象的发生。通过标准站建设，具有了独立的办公场所，管理更加规范，办事效率更高，从软件到硬件都有了进一步的提升，为林业站更科学的管理和发展提供了基础保障。

图01 第七师126团林业工作站站房
图02 第八师石河子总场林业站造林绿化成果
图03 第四师68团林业站培训四连果农
图04 第四师68团林业站病虫害测报站
图05 第六师奇台农场林业站组织职工整修林床
图06 第六师奇台农场林业站实验室
图07 第六师奇台农场林业站专业人员指导果树修剪技术

03

01

04
05

02

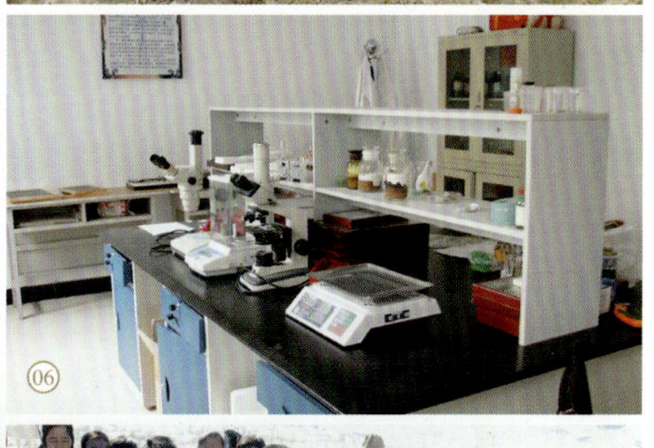
06

07

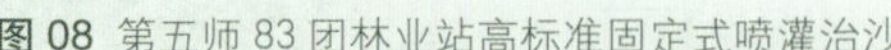

图 08 第五师 83 团林业站高标准固定式喷灌治沙
图 09 第五师 83 团林业站打造的万亩葡萄基地
图 10 第八师石河子总场林业站防护林成林效果
图 11 第四师 68 团林业站机械挖杨树苗
图 12 第四师 68 团林业站"学帮带"护林员培训
图 13 第五师 83 团林业站昆虫识别指导
图 14 第五师 83 团林业站种植的葡萄硕果累累
图 15 第五师 83 团林业站历次获奖证书
图 16 第五师 83 团林业站刘建玲获奖证书